죽음이란 무엇인가

| 불교의 죽음관 |

죽음이란 무엇인가

강승환 저

운주사

머리말

자고로 죽음은 피할 수가 없다. 무릇 태어난 모든 것은 죽게 되어 있다. 누구든지 언젠가 한 번은 죽음과 맞서야 한다, 정면대결해야 한다. 따라서 반드시 이놈을 알고 가야 한다. 그냥 끌려갈 수만은 없다.

그러나 대부분 죽음에 대해 구체적으로 설명하지 않는다. 어떤 이는 시사여귀視死如歸 곧 "죽음 보기를 돌아가는 것처럼 여긴다"고 했고, 퇴계退溪 선생은 승화귀진乘化歸盡 곧 "조화를 타고 돌아가 없어진다"고 했으며, 공자孔子는 미지생未知生 하가사何可死 곧 "삶도 잘 모르는데 어찌 죽음을 알랴"라고 했다.

또 우리 옛 상여喪輿에는 이런 구절이 있다.

온 곳이 어디기에 왔다가	來從何處來
가는 곳이 어디기에 가는가.	去向何處去
오고가는 것이 자취도 없이	來去無蹤跡
아련히 백년 남짓 하구나.	悠悠百年許

모두들 적당히 얼버무리는 상태다. 종교들도 대부분 마찬가지

다. 막연히 영혼이, 혼백이 하늘로, 천당으로, 또는 하나님 품으로 돌아가는 것만 이야기하지 구체적 설명은 하지 않는다.

그러나 불교는 이에 대해 설명한다. 돌아가는 것과 돌아가는 곳을. 돌아가는 것은 말할 것도 없이 마음이다. 몸은 돌아가지 못한다. 그래서 불교는 마음을 파고들어 풀어헤쳐서는 작용과 형태와 본질 셋으로 나누었다.

이때 마음의 작용을 의식이라 하고, 마음의 형태를 말나식이라 하며, 마음의 본질을 아뢰야식이라 한다. 우리말로 의식은 그냥 의식意識이고, 말나식은 사량식思量識, 아뢰야식은 장식藏識이다. 말나식과 아뢰야식은 고대 인도 말로 '헤아린다, 숨었다' 등의 뜻이다.

죽으면 끝까지 남는 것은 마음의 본질, 곧 아뢰야식이다. 의식은 원칙적으로 죽으면 바로 없어지고, 말나식도 원칙적으로 얼마 후면 없어진다. 따라서 죽으면 남는 것은 아뢰야식뿐이다.

그러면 이 아뢰야식이 어디로 가는가? 아니 어디로 가는 것이 좋은가?

공空으로 가야 한다. 아니 공으로 가는 것이 좋다. 적어도 천당天堂에는 가야 하고, 최소한 인간人間에게는 가야 한다. 개돼지 같은 축생畜生이나 아귀餓鬼, 지옥地獄 같은 곳으로 가서는 안 된다. 이곳은 전혀 갈 곳이 못 된다.

공에는 생사가 없어 다시 태어남도 없고 윤회도 없다. 살아서 자기 마음이 이런 경지에 이른 것을 '생사윤회를 벗어났다, 해탈했다,

도를 깨쳤다, 도를 이루었다, 견성했다, 성불했다' 등으로 말한다.

그러나 모든 사람들이 다 공에 갈 수는 없다. 결코 만만찮기 때문이다. 물론 실망할 것도 없다. 비록 공에는 가지 못한다 하더라도 그 아래 단계인 천당에는 갈 수 있기 때문이다.

천당이 무엇인가? 우리가 죽어서 그토록 가고 싶어 하는 곳이다. 여기서는 먹고살 걱정이 없다. 모든 것이 풍족하고 여유롭다. 또 수명도 길어 천당의 대문격인 사천왕천만 되어도 수명이 천 년에 가깝고, 도솔천만 되어도 수명이 56억 년이나 된다. 따라서 여기만 가도 대성공이다.

불교는 이 천당을 26천天 또는 28천天으로 나눈다. 그리고는 모두를 합쳐 화엄장엄세계라 한다. 스물여섯 개의 천당이 겹쳐져 보이니 장엄하지 않을 수 없다.

그러면 죽어서 공에 가고, 천당에 가며, 다시 인간으로도 태어나려면 어떻게 해야 하는가? 아주 쉽다. 마음의 본질, 곧 아뢰야식을 다스리면 된다. 이것만 다스려서 없애버리면 윤회를 벗어나고, 맑게 하면 천당에 가며, 다소 흐려도 인간으로는 태어난다. 축생, 아귀, 지옥에는 결코 떨어지지 않는다.

그러면 아뢰야식을 어떻게 다스리는가? 이것도 아주 쉽다. 착하게 살고 덕을 쌓으면 된다. 너무 싱겁다. 그래서 불교는 8정도, 6바라밀 등 근엄한 말을 써서 제법 품격을 갖추었다.

8정도八正道는 정견正見-바르게 보기, 정사유正思惟-바르게 생각하기, 정어正語-바르게 말하기 등 온통 바른 것뿐이고, 6바라밀六波羅密은 보시布施-베풀기, 지계持戒-계율 지키기, 인욕忍辱-참아내기, 정진精進-노력하기 등 다 아는 이야기다.

이렇게 생활하다 보면 아뢰야식이 맑아져서 살아서 공에 들 수도 있고, 곧 부처가 될 수도 있고, 죽어서 천당에도 갈 수 있으며, 또한 다시 인간으로도 태어날 수 있다.

나아가 지금의 육신까지 맑게 할 수 있다. 곧 육신의 죽음은 피하지 못한다 하더라도 어느 정도 조절할 수는 있다. 죽음에 무조건 끌려 다니지만은 않는다. 병고에 무조건 시달리지만은 않는다. 앉아서 죽고, 서서 죽는 것이 결코 빈말이 아니라는 이야기다. 공중에 떠서 죽고 거꾸로 떠서 죽는 것은 이해하지 못한다 하더라도 말이다.

어쨌든 마음만 다스리면 죽을 때 알고 간다. 올 때는 모르고 왔지만 갈 때는 알고 간다. 울고 와서 웃으며 간다. 대지팡이 하나 짚고 유유히 갈 수 있다. 이 경지를 원감국사 충지 스님은 이렇게 읊었다.

지나온 인생 길 어언 육십칠
오늘 아침 이르러 모든 일을 마쳤구나.
돌아가는 고향 길 평평하고 고르니
길머리가 분명해 헤맬 염려 전혀 없네.
그래도 손엔 아직 대지팡이 있으니
기쁘구나, 가는 길 싫증나지 않겠으니.

제1장 죽음이란 무엇인가?

1. 죽으면 어떻게 되는가?

선악대로 간다

죽으면 어떻게 되는가? 선악善惡대로 간다. 선善은 선한 세상으로 가고 악惡은 악한 세상으로 간다. 무엇이 선한 세상인가? 천당을 말한다. 무엇이 악한 세상인가? 지옥을 말한다.

그러나 이는 피상적 개념이다. 좀 더 구체적으로 말하면 선은 삼선도로 가고 악은 삼악도로 간다.

삼선도三善道는 무엇인가? 천, 인간, 수라이다.

천天은 천당天堂이다. 불교에서는 천당을 26천 또는 28천으로 나누는데, 여기에 사는 사람을 천인天人이라 한다. 인간人間은 우리와 같은 사람이고, 수라修羅는 싸움을 좋아하는 천신天神인데 인간 중 싸움을 좋아하는 사람으로 봐도 된다.

삼악도三惡道는 무엇인가? 축생, 아귀, 지옥이다.

축생畜生은 개·돼지 같은 짐승이고, 아귀餓鬼는 아무리 먹어도 배가 고픈 귀신이며, 지옥地獄은 말 그대로 지옥이다.

사람이 죽으면 생전에 그가 한 선악에 따라서 이와 같이 여섯 세상으로 나뉘어 간다. 이를 육도윤회六道輪廻, 곧 여섯 길을 도는 것이라 한다. 천당으로 가는 사람은 한껏 좋겠지만 지옥으로 가는 사람은 다소 꺼림칙할 것이다.

기독교에서는 지옥地獄 외에 연옥煉獄이란 말도 쓰는데 이는 지옥을 세분한 느낌이 든다. 기독교나 불교나 그 견해는 큰 차이가 없다 할 것이다.

*6도六道　3선도三善道: 천, 인간, 수라
　　　　　3악도(三惡道): 축생, 아귀, 지옥

(한 세상살이)

한 세상 세상살이 너른 들판 가랑잎
불현듯 나타났다 순식간에 사라지지.
인생살이 이렇다면 뒤볼 겨를 없으니

닦고 또 닦아서는 다음 생애 대비해야.

덥다 소리 한 번 하니 여름이 훌쩍 가고
춥다 소리 한 번 하니 겨울이 훌쩍 가네.
인생살이 이렇다면 뒤 볼 겨를 없으니
닦고 또 닦아서는 다음 생애 대비해야.

(가랑잎)
너른 들판 바람 부니 가랑잎이 굴러 가네
잠깐 사이 나타났다 순식간에 사라지네.
어디서 온 것일까 어디로 가는 걸까
잠시 눈을 감아보니 아무 일도 없었구나.

낙엽 숲속 저 늙은이 혼자서 걸어나네
무명 바다 바람 불어 한 생애가 가는구나.
어디서 온 것일까 어디로 가는 걸까
그 자체가 장엄이라 눈을 뜨고 크게 보네.

지옥으로 안 갈 수는 없는가?

그러면 지옥으로 안 갈 수는 없는가? 내가 비록 이 세상에서 다소 악한 일을 저질렀다 하더라도 말이다.

안 갈 수는 없다. 반드시 간다. 왜냐? 내 스스로 가기 때문이다. 때문에 저항이나 앙탈도 없다. 내 스스로 결정해서 내 발로 걸어가는데 무슨 저항과 앙탈이 있겠는가?

또 저승사자나 염라대왕이 내가 오기를 학수고대하고 있기 때문이다. 이들은 피할 수가 없다.

옛 이야기를 들어보면 저승사자들이 실수를 하는 경우가 많다. 예를 들어 동명이인同名異人을 잘못 잡아가는 것, 지옥으로 갈 사람을 천당으로 데려가는 것, 인정에 끌려 수명이 십구十九 세인 젊은 이를 구십구九九 세로 고쳐주는 것 등 말이다.

그러나 이것은 어디까지나 이야기일 뿐 실제로는 있을 수가 없다. 왜 그런가? 여기서는 비유를 들어 설명하는 것이 좋다. 호두가 싹을 틔우는 것으로 말이다.

호두는 호도胡桃라고도 하는데 호두과자 할 때의 그 호두이다. 불교 경전에는 아마륵으로 되어 있다. 향로로 쓰이는 열매인데 생김새가 호두와 비슷하다. 그래서 여기서는 호두로 바꿨다.

호두는 싹을 틔우기 전에는 자기가 어디에 태어나는지를 모른다. 거름 밭인지 자갈밭인지 말이다. 싹을 틔우고 나서야 "아하, 여

16

기가 거름 밭이구나!" 또는 "여기가 자갈밭이구나!" 하고 안다. 호두는 여건이 맞으면 싹이 트고 여건이 맞지 않으면 싹이 트지 않은 것뿐이다.

모든 생명체, 곧 모든 중생衆生도 이와 같다. 중생도 자기가 어디에 태어나는지를 모른다. 태어나고 나서야 "아하, 여기가 천당이구나!" 또는 "여기가 지옥이구나!" 하고 안다. 여건이 맞으면 태어나고 여건이 맞지 않으면 태어나지 않은 것뿐이기 때문이다.

이와 같이 해서 선한 사람은 선한 곳으로 가고, 악한 사람은 악한 곳으로 가지 달리 방법이 없다, 융통성이 없다. 물론 이는 원칙적인 이야기다.

그러면 선한 사람이 선한 곳으로 가지 않고 일부러 악한 곳으로 갈 수는 없는가? 이것도 원칙적으로 불가능하다. 선한 사람은 반드시 선한 곳으로 간다. 『대비경大悲經』에는 말한다.

부처님이 아난에게 말씀하셨다.
"만약 어떤 사람이 삼세 과보를 깊어 믿어서, 여러 사람들에게 선을 베풀었지만 '나는 열반에 들어가기를 바라지 않는다.'고 한다면, 이 사람은 열반에 들어가지 않겠는가? 이런 일은 없다. 이 사람이 비록 열반을 찾지 않았지만, 여러 선한 일을 하였으니, 이 사람은 반드시 열반에 들어간다."

따라서 선한 사람은 반드시 선한 세상으로 가지 악한 세상으로 가는 일은 없다.

물론 지장보살地藏菩薩 같은 예외도 있다. 이 분은 부처될 소질을 충분히 갖추고 있으면서도 지옥에서 신음하는 중생을 그냥 지나칠 수가 없어, 부처됨을 미루고 스스로 지옥으로 뛰어든 사람이다.

그리고는 지옥 중생을 구제하기 위해, 나아가 지옥 자체를 부숴 버리기 위해 고군분투하는 분이다. 그래서 많은 사람들이 지장보살을 부른다. 석가도 이를 인정해 지장보살을 특이한 사람이라 칭송했다.

이 분은 예외다. 사실은 부처이기 때문이다. 따라서 일반 중생이 선악대로 가는 것은 피할 수가 없다.

그러면 정말 그런가? 악한 사람은 반드시 악한 세상으로만 가야 하는가? 선한 세상으로는 갈 수가 없는가? 위에서 틀림없다고 했지만 말이다.

사실은 그렇지 않다. 아무리 악한 사람도 다음 세상에는 선한 세상으로 갈 수도 있고, 나아가 부처가 될 수도 있다.

바로 이 점이 이 책의 요점이다. 다만 이 길이 만만치가 않다. 결코 녹녹치가 않다. 바란다고만 해서, 마음만 조급하다고 해서 되는 일이 아니다. 가끔 심호흡도 해가면서 노래도 한 곡조 들어가면서 여유를 가지고 차근차근 마음을 가다듬어야 접근할 수 있다.

(노스님)

조금 안 것 못 뱉으니 입이 절로 돌아가고
다 아는 체 말하려니 이빨에 침이 튀며
화를 실어 보내려니 핏발이 눈에 서고
억지로 짜내려니 머리에 쥐가 나네.

저기 저 노스님네 죽을 때야 한 말 하네.
해말간 저 얼굴은 한이 녹아 된 것일까
잔잔한 저 미소는 업이 녹아 된 것일까
도토리 깍지 마음 부끄러이 절을 하네.

(신선 노래)

신선이 자리를 한번 잡으니 천년이 지나고
부처가 자리를 한번 잡으니 억겁이 지난다.
영웅이 고개를 한번 돌리니 신선이 되고요
중생이 고개를 한번 돌리니 부처가 되누나.

신선이 자리를 한번 밀치니 만년이 지나고
부처가 자리를 한번 밀치니 영겁이 지난다.
미움이 고개를 한번 돌리니 사랑이 되고요
원한이 고개를 한번 돌리니 자비가 되누나.

(고요하기)

생각이 고요하니 세상이 고요하고
마음이 고요하니 우주가 고요하네.
일체가 무심하여 움직이지 아니하니
천하가 움직여도 이 몸만은 고요쿠나.

미운 사람 속에서도 고요키만 하구나.
고운 사람 속에서도 고요키만 하구나.
일체의 밉고 고움 관심이 없어라.
밉고 고움 본디 자기 성질 없으니까.

내 무슨 복이 많아 잠시나마 고요한가.
아무리 생각해도 쌓은 덕이 전혀 없네.
전생에 지은 덕을 까먹는 것 아닌가.
소스라쳐 놀라면서 주위를 둘러보네.

2. 죽음이란 무엇인가?

죽음은 몸이 흩어지는 것이다

그러면 죽음이 무엇인가? 위에서 죽으면 간다고 했는데 무엇이 가는가?

죽음은 몸이 흩어지는 것이다. 마음은 흩어지지 않는다. 따라서 가는 것은 마음이다. 몸이 가는 것이 아니다.

우리 몸은 산소, 탄소, 수소, 질소, 칼슘 등 수십 내지 수백 가지 원소들로 구성되어 있다. 이것들이 모여 하나의 유기체를 이룬 것이 우리 몸이다. 곧 우리 몸은 이들의 화합和合이며, 죽음은 이들의 분리分離 내지 이산離山이다.

옛사람들은 이와 같이 자세하게 나누지 못했다. 그래서 크게 네 덩어리로 나누었다. 곧 네 성질로 나누었다. 이른바 지수화풍地水火風이다. 땅의 성질, 물의 성질, 불의 성질, 바람의 성질이 그것이다.

이를 사대四大라 해서 곧 우리 몸을 지칭하는데, 이들의 화합이 산 것이고, 이들의 흩어짐이 죽음이다.

이들의 흩어짐은 피할 수가 없다. 곧 죽음은 피할 수가 없다. 자고로 모든 이루어진 것들은 무너지게 되어 있고, 모든 산 것들은 죽게 되어 있다. 우주는 성주괴공成住壞空에 걸려 있고, 인간은 생로병사生老病死에 걸려 있다.

성주괴공은 우주가 처음 생겨나서 어느 정도 유지되다가 결국

붕괴되어서는 공으로 돌아간다는 것인데 일종의 순환론이다. 불교에서는 이 우주가 이런 순환을 무한히 반복한다고 한다. 생로병사는 말 그대로 인간이 태어나서 살만큼 살다가 병들어 죽는다는 것이다.

우주가 성주괴공에 걸려서 순환하고, 인간도 생로병사에 걸려서 변하기 때문에, 변하지 않는 영원불변한 것은 없다.

순간순간 변하고 찰나찰나 변하는데 도대체 변하지 않는 것이 어디 있으며, 영원불변한 것이 어디 있겠는가? 따라서 우리 몸이나 우주에서는 영원불변한 것을 찾을 수가 없다.

(사대 화합)
이 몸은 사대화합 아쉬울 것 전혀 없고
이 맘은 생각화합 아쉬울 것 전혀 없네.
천하 만물 부모 삼고 세상만사 스승 삼아
생활 속에 도 닦으면 곳곳 모두 극락인 걸.

이 몸은 가기 마련 아쉬울 것 전혀 없고
이 맘도 가기 마련 아쉬울 것 전혀 없네.
천하 만물 부모 삼고 세상만사 스승 삼아
생활 속에 도 닦으면 곳곳 모두 극락인 걸.

(목숨)

숨 쉬면은 산 것이요 숨 그치면 죽은 거군.

이제 보니 숨이란 놈 제 멋대로 농간부려.

겁주고 어르면서 죽음 문턱 오가누나.

내 이놈을 움켜잡아 생사자재 하리라.

목숨 있음 산 것이요 목숨 없음 죽은 거군.

이제 보니 목숨 이 놈 제 멋대로 농간부려.

겁주고 어르면서 죽음 문턱 오가누나.

내 이놈을 움켜잡아 생사자재 하리라.

(발심수행장 일부)

닦음 없는 헛된 이 몸 돌보아도 소용없고

덧없고 뜬 이내 목숨 아껴 봐도 못 지키네.

시간 시간 자꾸 흘러 어느 결에 죽음 문턱

어쩌면은 오늘 저녁 또 어쩌면 내일 아침

깨진 수렌 갈 수 없고 늙은이는 닦지 못해

누우면은 게으름뿐 앉으면은 어지럼뿐

인생길이 얼마라고 닦지 않고 헛 보내나

지금 몸은 끝이 있어 다음 몸은 어쩔 텐가.

맛난 음식 보양해도 이 몸 깨짐 정해졌고
편안하게 보호해도 목숨 끝은 있기 마련
어느 결에 백년인데 어찌해서 공부 않고
한 세상이 얼마라고 닦지 않고 허송하나

탐진치 삼독 번뇌 집안 보배 삼지 말고.
부질없는 사대오욕 마음 보배 삼지 않아
남녀 생각 내지 않고 온갖 애욕 끊어버려
하늘나라 오를 계율 닦으시오 닦으시오.

마음은 흩어지지 않는다

그러나 마음은 흩어지지 않는다. 따라서 죽어서 가는 것은 마음이다. 그러면 마음이란 무엇인가? 쉽게 말하면 생각들의 화합이다. 생각들이 모인 것을 마음이라 한다.

　그러나 이는 피상적인 관찰이다. 마음을 자세히 관찰해 보면 세 등급으로 나눌 수가 있는데, 곧 마음의 작용作用과 마음의 형태形態와 마음의 본질本質이다.

　마음의 작용은 흔히 생각이라 한다. 의식意識이라 해도 된다. 그리고 이 생각은 순간순간 변해서 잠시도 그대로 머물러 있지 않다. 곧 우리의 생각은 찰나찰나 변한다.

그러나 마음의 형태와 본질은 잘 변하지 않는다. 아니 보통 사람은 이것이 있는지 없는지도 모른다. 의식 속에 파묻혀 그 모습을 좀체 드러내지 않기 때문이다.

의식이 활동을 멈춰야, 의식이 잠재워져야 비로소 모습을 드러내기 때문이다. 어쩌면 수행의 기초는 바로 이 의식을 잠재우고 마음의 형태와 본질을 드러내는 것일 수도 있다.

어쨌든 마음의 형태와 본질은 잘 변하지 않는다. 특히 본질은 변하기가 매우 어렵다. 그러나 결국은 변한다. 이 본질이 변하기 때문에 우리 같은 중생이 부처가 될 수 있다. 아무리 어리석은 사람이라도 부처가 될 수 있는 것은 바로 이 마음의 본질이 변하기 때문이다.

위에서 아무리 악한 사람이라도 이 다음에 선한 세상으로 갈 수도 있고, 부처가 될 수도 있다고 한 것도 바로 이 마음의 본질이 변하기 때문이다.

이를 전범성성轉凡成聖, 혁범성성革凡成聖이라 한다. 범부가 바뀌어 성인이 되고, 범부가 혁파해 성인이 된다는 말이다. 범부는 우리 같은 중생이고, 성인은 부처다.

이 마음의 본질은 비록 변하기는 하지만 원칙적으로 죽지는 않는다. 따라서 우리가 죽으면 가는 것도 이 마음의 본질이고, 우리가 생사를 벗어나 해탈할 수 있는 것도 이 마음의 본질을 통해서다.

(무명과 진여)

무명의 화려함이여 무명의 장엄함이여

무명의 쓸쓸함이여 무명의 허전함이여

무명 그대는 어디서 왔는가, 온 곳을 밝혀라

무명 그대는 누구인가, 실체를 밝혀라.

진여의 담백함이여 진여의 수수함이여

진여의 담담함이여 진여의 늘상함이여

진여 그대는 어디서 왔는가, 온 곳을 밝혀라

진여 그대는 누구인가, 실체를 밝혀라.

(쓸쓸함)

이리 봐도 쓸쓸하고 저리 봐도 쓸쓸하네.

이 쓸쓸함 무엇인가 어디에서 온 것일까.

무명의 찌꺼기군 진여에 어긋났어.

본디 담담했었는데 잠시 요동쳤었구먼.

이리 봐도 허무하고 저리 봐도 허무하네.

이 허무함 무엇인가 어디에서 온 것일까.

무명의 찌꺼기군 진여에 어긋났어.

본디 담담했었는데 잠시 요동쳤었구먼.

(무명이 진여)

무명 향연 장엄하고 진여 본연 그윽하나
같은 것은 아니지만 다른 것도 아니어라.
무명 본디 진여이고 진여 본디 무명이니
처음부터 그대로라 변한 적이 없었도다.

생사윤회 장엄하고 열반적정 그윽하나
같은 것은 아니지만 다른 것도 아니어라.
생사 본디 열반이고 열반 본디 생사이니
처음부터 그대로라 변한 적이 없었도다.

제2장 나는 왜 이런가?

1. 나는 왜 이 모양인가?

과거 내 업 때문이다

그럼 나는 왜 이런가? 왜 이 모양인가? 죽음에 대한 이야기는 잠시 접고, 그럼 나는 왜 이 모양, 이 꼴인가를 한번 생각해 보자.

내가 남들처럼 잘 나면 어디가 덧나나? 왜 나는 남들처럼 키도 크지 않고, 잘 생기지도 못했으며, 머리도 잘 돌아가지 않는가?

왜 나는 남들처럼 부유한 가정에서 좋은 부모 만나 즐겁게 살지 못하고, 근근이 버티는 가정에서 사느니 못사느니 하는 부모를 만나 힘겹게 사는가?

왜 나는 부유하고 평화로운 나라에 태어나지 못하고, 이틀이 멀다 하고 전쟁 위협에 시달리며 아귀다툼하는 사람들과 어울려 사는가?

그러나 원망할 것 없다. 한탄할 것은 더욱 없다. 이 모두가 내가 지은 대가이기 때문이다. 전생에 내가 지은 일 말이다. 불교식으로 말해 업業, 업보業報 말이다.

내가 만약 전생에 좋은 일을 했더라면 이 모두가 반대로 되었을 것이다. 그러면 지금과 같은 원망도 한탄도 없었을 것이다.

따라서 모두 내 탓이다. 남의 탓이 아니다. 부모 탓도 아니고, 다른 사람 탓도 아니며, 사회 탓도 아니다. 오직 내 탓이다.

부모는 부모대로 생활에 충실했을 뿐이다. 자연의 섭리에 따라서 말이다. 그래서 결혼을 했고, 부부생활을 했으며, 거기에 내가 부응한 것이다. 만약 내가 부응하지 않았다면 내가 태어나지 않았다. 내 스스로 부응해 놓고서는 그 탓을 부모에게 돌린다? 말이 되지 않는다.

부모는 자기 같은 사람이 태어나기를 바란 적도 없고, 원한 적도 없다. 어쩌면 부모도 피해자일 수 있다. 자기와 같이 못난 자식을 낳아서 말이다. 다른 자식을 낳았더라면 더 행복했을 수도 있다.

마치 호두가 자갈밭을 보고 나를 왜 여기에 태어나게 했냐고 항의하는 것과 같다. 자갈밭은 그 호두가 거기에 태어나기를 바란 적도 없고 원한 적도 없다.

모든 것이 이와 같다. 지금 형제를 만난 것도 이와 같고, 지금 배우자를 만난 것도 이와 같으며, 나아가 지금 세상을 만난 것도 이와 같다. 모두 내 탓이다. 남의 탓이 아니다.

그러나 너무 실망할 것 없다. 이 모두가 극복할 수 있는 것들이기 때문이다. 뜯어고칠 수 있는 것들이기 때문이다.

무엇을 통해서? 마음의 본질을 통해서!

그래서 인간이 위대한 것이다. 인간으로 태어난 것이 정말 위대한 것이다.

(어둠 노래)
어둠속 길을 잃고 사방천지 헤매는데
저 멀리 원효대사 횃불 들고 서계시네.
여기서 어딥니까? 원효대사 이르시길
삼계는 유심이요 만법은 유식이라
곳곳이 밝음인데 어두움이 어디 있소
탐진치를 내리면은 오직 밝음뿐이라오.

(팔자타령)
모두들 잘 났는데 나만 어이 못 났는가?
사방을 둘러봐도 나 같은 놈 또 없구나.
내 팔자 왜 이렇소? 원효대사 이르시길

삼계는 유심이요 만법은 유식이라

일체가 마음인데 팔자가 어디 있소?

생각을 바꾸면은 내 팔자도 금빛이요.

(내 탓이요)

모든 것은 내 탓이요 남의 탓이 아니어라.

지금 부모 만난 것도 내 복이고 내 탓이고

지금 사람 만난 것도 내 복이고 내 탓이라

지금 인연 잘 다스려 밝게 하면 그만이지.

모든 것은 내 탓이요 남의 탓이 아니어라.

지금 몸을 받은 것도 내 복이고 내 탓이고

지금 세상 만난 것도 내 복이고 내 탓이라

지금 인연 잘 다스려 밝게 하면 그만이지.

내 업이 무엇인가?

그럼 도대체 내 탓이 무엇인가? 내 업이 무엇인가? 내가 전생에 무
슨 잘못을 저질렀기에 이 모양 이 꼴인가?

불행히도 모른다. 그리고 알 필요도 없다. 차라리 모르는 것이 좋
다. 알아봐야 속만 쓰리고 후회만 될 뿐이다. 득 될 것이 없다. 과거

에 한 잘못을 뭘 그리 들추는가?

지난 일에 연연할 것 없이 새 마음 새 뜻으로 새롭게 출발하는 것이 낫다.

어쨌든 그 모르는 이유는 밝히겠다. 여기서도 앞에서 말한 호두로 비유해 보겠다.

호두는 원래 세 겹으로 되어 있다. 바깥의 "두툼한 외피"와 그 안에 있는 "단단한 껍질", 그리고 이 껍질 안에 있는 "호두 알맹이(속살)" 말이다.

호두는 데가 돌면 바깥 외피가 벗겨져 나가고, 단단한 호두 껍질이 나타나며, 이 호두 껍질을 깨면 고소한 호두 속살이 나온다. 대부분 호두 외피가 있다는 사실을 모른다. 단단한 껍질만 봤기 때문이다.

사실 호두 외피는 자라면서 온갖 풍상을 다 겪는다. 비바람도 맞고 뙤약볕도 쬐며, 벌레들의 공격도 받고 새들의 공격도 받는다.

그리고는 이들의 공격을 이겨내고 자기의 자양분을 단단한 호두 껍질에 전해준다. 그러면 호두 껍질은 또 자기의 자양분을 안에 있는 호두 알맹이(속살)에 전해준다. 이 알맹이를 우리가 교만스럽게도 먹는다.

이때 단단한 호두 껍질은 그동안 바깥세상에서 무슨 일이 벌어졌는지를 모른다. 곧 자기를 둘러싸고 있는 두툼한 외피가 어떤 경험을 했는지를 모른다. 위에서 말한 것처럼 비바람도 맞고 뙤약볕도 쬐는 등 갖가지 경험을 했는데도 말이다. 단지 외피가 전해주는 대로, 좋아하는 것은 받고 좋아하지 않는 것은 받지 않았을 뿐이다.

껍질 안에 있는 속살은 더욱 더 모른다. 호두 껍질이 한 일을 모를 뿐더러, 바깥 외피가 한 일은 더욱더 모른다. 단지 호두 껍질이 전해주는 대로, 좋아하는 것은 받고 좋아하지 않는 것은 받지 않았을 뿐이다.

우리 마음도 이와 같다. 위에서 우리의 마음을 본질本質과 형태形態와 작용作用으로 나눴다. 이를 호두와 비교해 보면, 마음의 본질은 호두 속살에 해당되고, 마음의 형태는 호두 껍질에 해당되며, 마음의 작용은 호두 외피에 해당된다.

따라서 호도에서와 같이 마음의 형태는 마음의 작용이 한 일을 모르고, 마음의 본질은 마음의 형태가 한 일을 모르며, 마음의 작용이 한 일은 더욱더 모른다. 단지 좋아하는 것은 받고 좋아하지 않는 것은 받지 않았을 뿐이다.

위에 말한 업業은 마음의 본질에 속한다. 따라서 업은 자기가 전생에 구체적으로 무슨 행위를 했는지 모른다. 단지 좋아하는 것과 좋아하지 않는 것만 알 뿐이다.

곧 우리는 다시 태어나지만 전생에 무슨 일을 했는지 모른다. 단지 선을 좋아했는지 악을 좋아했는지만 알 뿐이다.

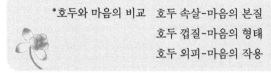

*호두와 마음의 비교　호두 속살-마음의 본질
　　　　　　　　　　　　　호두 껍질-마음의 형태
　　　　　　　　　　　　　호두 외피-마음의 작용

(관악산 연주암 주련)

부처 슬기 넓고 커 텅 빈 하늘같아서
높은 깨침 등불 돼 온 누리를 비추네.
이 세상의 모든 것 모두 모두 헛됨을
모든 중생 하여금 낱낱 알게 하시네.

둥근 깨침 산속에 나무 하나 생겨서
하늘 땅 나뉘기 전 꽃을 활짝 폈구나.
흰 푸름도 아니요 그렇다고 안 검어
봄바람엔 없어요 하늘에도 없어요.

조용한 밤 산속 절, 말 끊고서 앉으니
고요하고 그윽해 본디 자연 그대로.
갈바람은 어이해 나무숲을 흔드나
기러기 떼 찬 밤에 긴 하늘을 왜 우나.

세 세계는 우물가 두레박줄 같아서

백천 겁이 지나도 닳아지지 아니해.

어찌해서 이 몸을 지금 생애 안 건져

어떤 생애 또 만나 건질 텐가 이 몸을.

佛智廣大同虛空　得成無上照世燈

悉令一切諸衆生　實了世間諸妄想

圓覺山中生一樹　開花天地未分前

非靑非白亦非黑　不在春風不在天

山堂靜夜坐無言　寂寂寥寥本自然

何事西風動林野　一聲寒雁唳長天

三界猶如汲井輪　百千萬劫歷微塵

此身不向今生度　更待何生度此身

2. 인과는 역연하다

인과는 분명하다

좋은 일이든 나쁜 일이든 과거 내가 지은 일체의 행위를 업業이라
한다. 그 업의 결과가 바로 지금 나이다.

　따라서 지금의 나를 기준하면 내가 전생에 어떤 성품의 소유자
였는지는 알 수 있다. 구체적으로 어떤 일을 했는지는 모르지만, 선

을 좋아한 사람이었는지 악을 좋아한 사람이었는지, 덕을 쌓은 사람이었는지 업을 지은 사람이었는지는 알 수 있다.

또한 내생에 어떻게 살 것인가도 가늠할 수 있다. 지금의 행위가 기준이 되어 내생이 결정되기 때문이다.

이를 인과역연因果歷然 또는 인과무착因果無錯 화복여도禍福如刀라 한다. 원인과 결과는 분명하다는 말이고, 인과는 착오가 없으며 화복은 칼날과 같이 엄정하다는 말이다.

(인과 역연)
인생은 무상하나 인과는 역연해서
천 년 전의 나의 모습 지금 나의 모습이고
지금 현재 나의 모습 천 년 뒤의 모습이라
천 년 뒤를 보려거든 지금 모습 보면 되오.

인생은 무상하나 인과는 역연해서
지난 생애 나의 모습 지금 나의 모습이고
지금 현재 나의 모습 다음 생애 모습이라
다음 생애 보려거든 지금 모습 보면 되오.

그냥 두면 자꾸 돈다

그럼 이 인과因果를 그냥 두면 어떻게 되는가? 무시하고 말이다. 그러면 6도六道를 계속 돈다. 자기가 지은 업에 따라서 6도를 계속 윤회하게 된다.

그래서 세계(界)라 하지 않고 숫제 길거리(道)라 했다. 이 길로 갔다가 저 길로 갔다가 하는 것에 비유했다.

6도란 천, 인간, 수라, 축생, 아귀, 지옥이다.

인간人間으로 태어났다가 여기서 죄를 지으면 삼악도에 떨어져 운이 좋으면 개나 소로 태어난다. 곧 축생으로 태어나는 것이다.

여기서 반성하여 도를 닦으면 다시 인간으로 태어난다. 그리고는 더욱 반성하여 도를 닦으면 천당天堂에 태어난다. 물론 여기서 도를 닦아서 해탈解脫하면 만사형통이다. 부처가 되어 생사윤회를 벗어나기 때문이다.

그러나 대부분 천당에서 도를 닦지 않아 다시 인간세계로 떨어지거나, 인간세계에서 다시 죄를 지어 다시 축생계로 떨어진다. 그리고는 윤회를 계속한다.

이를 멀리서 바라보면 마치 이 집에 잠시 들렀다가 저 집에 잠시 들렀다가 하는 것처럼 보인다. 원효대사元曉大師는 이를 "불타는 집을 들락거리며, 살을 태우는 듯한 고통 속에서 산다"고 했다.

사실 이런 이야기는 이해도 힘들고 받아들이기도 힘들다. 누구나 쉽게 이해할 수 있는 것이 아니다.

어쩌면 개나 돼지를 보고 "네가 도를 닦으면 이 다음엔 사람으로 태어날 수 있다"고 말하는 것과 같다. 개나 돼지가 이 말을 알아듣는지는 알 수 없는 노릇이다.

사람이 축생으로 태어난다는 것도 마찬가지다. 혹 개나 소 같은 것으로 태어나는 것은 있을 수 있을지 모르겠지만(?) 뱀이나 개구리, 나아가 저 하찮은 모기나 초파리 같은 것으로 태어난다는 것은 참으로 이해하기가 어렵다.

그러나 불경에는 이런 기록들이 많다. 인간이 비둘기로 태어나고 심지어 모기로 태어나는 것 말이다.

혹 이렇게 말하면 도움이 될까? 최근 유전자 연구를 보면 인간과 초파리의 유전자 개수가 2만 내지 2만 5천 개로 서로 엇비슷하다고 한다. 또 인간과 초파리의 유전자는 70%가 비슷하고 30% 정도만 다르다고 한다.

우리 상식으로는 이는 거꾸로 되어야 한다. 인간과 초파리의 유전자 개수는 엄청나게 차이가 나야 하고, 또 인간과 초파리의 유전자는 30% 정도가 비슷하고 70% 정도가 달라야 한다. 그러나 실상은 그 반대이니 인간도 대단한 존재가 아님을 알 수 있다.

(성주괴공)
성주괴공 도는 우주 막을 거야 뭐 있나

제 구태여 돌겠다면 도는 대로 놔둘밖에
그렇지만 이내 몸은 따라 돌고 싶지 않아
멀찌감치 비켜서서 도는 모습 구경할 뿐.

낙엽이 지겠단 데 막을 거야 뭐 있나
제 구태여 지겠다면 지는 대로 놔둘밖에
그 자체가 장엄이라 스스로가 진리이니
구태여 구분하여 분별하지 아니하네.

다시 시작할 수는 없는가?

그럼 전생이니 내생이니 인과니 윤회니 할 것 없이, 처음부터 새 마음 새 뜻으로 다시 시작할 수는 없는가? 마치 우리가 글을 쓰다가 잘못 쓰면 깨끗이 지워 버리고 다시 시작하듯이, 아니면 숫제 찢어 버리고 새것으로 다시 시작하듯이 말이다.

불행히도 이럴 수가 없다. 만약 이렇게 할 수 있다면 나도 한번 시도해 보겠다. 이렇게 기막힌 일이 있는데 왜 피하겠는가? 인생역 전人生逆轉 아니라 영생역전永生逆轉인데!

그러나 이런 일은 없다. 없기 때문에 못하는 것이다. 안 하는 것이 아니다. 옛날 사람이나 지금 사람이나. 전생과 내생은 고리처럼 연결되어 있으며, 인과는 뱀의 꼬리처럼 따라붙어 끊을 수가 없다.

그러면 한 번 죽음으로 모든 것을 끝낼 수는 없는가? 이 신통치 못한 머리와 삐걱거리는 몸을 이끌고 비실거리며 한 세상 사느니, 차라리 한 번 중대한 결심을 하고서 탁 던져버리고는, 건장한 신체와 명석한 두뇌를 가지고, 좋은 가정 좋은 나라에 다시 태어나 다시 한 번 멋지게 사는 것 말이다!

만약 그렇게 할 수 있다면 나도 한번 심각하게 고려해 보겠다. 그러나 불행히도 이런 일은 있을 수가 없다. 자기의 죽음으로 모든 것이 끝나는 것이 아니라 오히려 스스로를 죽였다는 사실이 더 큰 업이 되어 거꾸로 뱀 꼬리처럼 따라붙기 때문이다. 자살도 살인이다.

거기다 그 더럽고 지저분한 송장덩어리를 남이 치우게 했으니 죽어가면서까지 업만 지우고 욕만 얻어먹는 꼴이 된다. 따라서 자살은 전혀 고려 대상이 되지 못한다.

이것이 인연법이다. 인과법이다. 버릴 수도 없고 떨칠 수도 없는 것!

그러면 이 골치 아픈 이야기 다 집어치우고 그대로 살다가 그대로 죽으면 어떻게 되는가? 흔히 말하듯이 되는 대로 살다가 되는 대로 죽는 것 말이다.

그러면 그대로 조용히 끝나는 것이 아니라, 자기가 지은 업대로 육도 윤회를 계속하게 된다. 선은 선대로 악은 악대로 가면서 말이다. 곧 지금처럼 살게 된다. 뭐가 뭔지도 모르고. 영원히 어리석은 중생으로 남게 된다.

(성철스님 열반송)

한평생 남녀들을 속이고만 살아서

하늘 넘는 죄업이 수미산도 지난다.

산 채로 지옥 빠져 원한이 만 갈랜데

한 덩이 붉은 해만 푸른 산에 걸렸네.

生平欺誑男女群　彌天罪業過須彌

活陷阿鼻恨萬端　一輪吐紅掛碧山

(성철스님 출가송)

하늘 덮는 큰일도 화롯불 속 눈송이

바다 넘는 웅지도 타는 해 속 찬이슬.

그 누구가 부질없이 단꿈 꾸다 죽겠나.

만고 진리 찾아서 혼자 뚜벅 가리라.

彌天大業紅爐雪　跨海雄基赫日露

誰人甘死片時夢　超然獨步萬古眞

죽기 전에 해결해야 한다

그러면 어떻게 해야 하는가? 어떻게 하라는 말인가? 자살도 못하게 하고 죽음으로 모든 것이 끝나는 것도 아니라고 하니.

곧 살아서 모든 것을 해결해야 한다. 죽기 전에 모든 것을 해결해야 한다. 죽으면 이미 늦는다. 윤회가 바로 시작되기 때문이다. 이에 원효대사는 「발심수행장發心修行章」에서 이렇게 한탄했다.

(발심수행장 일부)
시간시간 자꾸 흘러 하루하루 홀쩍 가고,
하루하루 자꾸 흘러 한 달 한 달 홀쩍 간다.
한 달 한 달 자꾸 흘러 어느 결에 한 해의 끝,
한 해 한 해 자꾸 흘러 어느 결에 죽음 문턱

인생길이 얼마라고 닦지 않고 헛 보내며,
헛된 몸이 얼마 산다 일생 한 번 닦지 않나.
지금 몸은 끝이 있어 다음 몸은 어쩔 텐가.
급하구나 급하구나 어찌 아니 급하겠나.

그럼 해결 방법이 무엇인가? 있기는 한가?

있다. 그리고 의외로 간단하다. 앞에서 예로 든 호두로 설명하면 아주 이해가 쉽다.

호두에서 정작 싹을 틔우는 것은 호두 알맹이(속살)다. 만약 호두 알맹이가 싹을 틔우지 않으면 호두나무가 생기지 않는다.

또 만약 호두 알맹이가 스스로 좋은 땅을 골라서 싹을 틔울 수 있다면 나쁜 땅에서는 싹을 틔우지 않을 것이다. 나아가 만약 호두 알맹이가 전혀 움직이지 않는다면 결코 호두나무가 생길 일이 없다.

곧 호두가 싹을 틔우든지 않든지, 어디에 틔우든지, 나아가 전혀 틔우지 않든지 하는 것은 전적으로 호두 알맹이에 달렸다는 말이다.

이때 만약 호두 알맹이가 이 모든 것을 스스로 조절한다면 이 모든 것이 다 해결된다. 태어나고 태어나지 않고는 물론이요, 어디에 태어날까도 물론이요, 전혀 태어나지 않는 것까지도 말이다.

사람도 마찬가지다. 앞에서 마음을 본질과 형태와 작용으로 나눴다. 만약 마음의 본질을 스스로 조절한다면 이 모든 것이 다 해결된다. 태어나고 태어나지 않고는 물론이요, 어디에 태어날까도 물론이요, 전혀 태어나지 않는 것까지도 말이다.

곧 윤회고 인과고 업보고 그 뭣이고 모두 다 조절할 수 있다는 것이다. 나아가 없앨 수도 있다는 것이다.

앞에서는 비록 이것들이 변하지 않는 것처럼 이야기했지만 실은 모두 다 변하는 것들이고, 없앨 수 없는 것처럼 이야기했지만 실은 모두 다 없앨 수 있는 것들이라는 말이다.

마음의 본질이 변하는데 변하지 않는 것이 어디 있으며, 마음의 본질이 없어지는데 생기는 것이 어디에 있겠는가? 호두 알맹이가 변하는데 변하지 않는 호두나무가 어디 있으며, 호두 알맹이가 없어지는데 호두나무 생기는 것이 어디에 있겠는가?

이런 경지에 이르기 위해 많은 스님과 사람들이 그렇게 열심히 수행하는 것이다.

(표훈대사表訓大師 오관석五觀釋)
나는 본디 인연들이 어우러져 생겨난 것
인연들도 나에게서 어우러져 생겨난 것.
인연들이 나를 이뤄 나는 본디 몸체 없고
나에게서 인연 이뤄 인연 본디 성질 없네.

일체 법의 있고 없음 본디 하나뿐이었고
있고 없는 일체 법도 본디 둘이 아니어라.
있을 때도 있지 않아 다시 함께 없게 되고
없을 때도 없지 않아 다시 함께 있게 되네.

모든 법은 본디부터 움직이지 않았으니
찾으려는 마음 또한 일어나지 아니했네.

我是諸緣所成法 諸緣以我得成緣
以緣成我我無體 以我成緣緣無性
諸法有無元來一 有無諸法本無二
有時非有還同無 無時非無還同有
諸法本來不移動 能觀之心亦不起

제3장 죽음의 본질은 무엇인가?

1. 죽음의 본질은 공空이다

일체개공이다

지수화풍地水火風을 사대四大라 한다. 이 사대가 화합和合한 것이 우리 몸이다. 따라서 우리 몸의 본질은 없다. 사대가 단순히 화합했기 때문이다.

그렇다면 지수화풍의 본질은 있는가? 땅의 본질이 있고, 물의 본질이 있고, 불의 본질이 있고, 바람의 본질이 있는가? 없다.

요새 말로 해서 산소의 본질이 있고, 수소의 본질이 있고, 탄소의 본질이 있고, 질소의 본질이 있는가? 없다. 모두 작은 미립자로 이리저리 구성되어 있을 뿐이다.

그러면 이 작은 미립자微粒子의 본질은 있는가? 없다. 역시 더 작은 미립자로 이리저리 구성되어 있을 뿐이다. 더 작은 미립자 역시 마찬가지다. 본질은 없다. 역시 더 작은 미립자로 이리저리 구성되어 있을 뿐이다. 이렇게 계속 나아간다.

이와 같이 모든 물질의 본질은 없다. 정확히 말하면 모든 물질의 본질은 공이다. 비었다. 우리 몸은 말할 것도 없고 세상만물이 그렇고 우주도 그렇다. 이를 일체개공一切皆空이라 한다.

그러면 마음의 본질은 있는가? 위에서 몸은 나고 죽지만, 마음은 영원하다고 했는데 정말 그런가? 죽어도 우리의 마음은 영원히 남는가? 그렇지 않다.

우리가 죽으면 마음의 작용은 원칙적으로 바로 없어진다. 데가 돌면 호두 외피가 바로 떨어져나가는 것과 같다.

그러면 마음의 형태와 본질만 남는다. 그러다 일정 기간이 지나면 마음의 형태도 거의 없어지고 마음의 본질만 남는다. 이 마음의 본질은 수행을 통해서 조절할 수도 있고 없앨 수도 있다.

만약 없어지지 않는다면 위에서 말한 일체개공 원칙에 어긋난다. 따라서 마음의 본질도 결국 없어진다. 결국 공에 이른다.

이와 같이 수행을 통해서 마음이 공에 이른 것을 깨쳤다 해탈했다 등등 말하는 것이다. 물론 공에 이르지 못하면 마음의 본질이 없어지지 않고 윤회의 씨가 된다.

간혹 죽으면 넋이니 혼이니 혼백이니 영혼이니 하는 것이 있는 것 같은데, 이들은 마음의 작용에 불과하다. 어쩌면 마음의 작용과 형태의 경계쯤에 있는지도 모른다. 아무튼 마음의 본질에는 접근하지도 못한다.

따라서 사람이 죽으면 이것이 잠시 남아 있을 수도 있고 또 그 정도가 심하면 귀신이나 원귀가 되어 하소연이나 해코지도 할 수 있다. 그러나 결국 없어진다. 일체의 본질이 모두 공이기 때문이고, 이 원칙에 어긋나면 모두 소멸하기 때문이다.

이와 같이 우리의 몸도 본질은 공이고, 우리의 마음도 본질은 공이니, 죽음의 본질도 당연히 공이다. 몸과 마음으로 이루어진 것이 뭐가 있겠는가? 헛것이지!

그래서 『반야심경般若心經』에서는 철저히 공을 이야기한다. 색수상행식 오온五蘊이 공이고, 안이비설신의 6근六根이 공이며, 18계十八界가 공임을 이야기한다. 또 12연기十二緣起가 공이고, 고집멸도苦集滅道 사성제도 공이며, 슬기까지도 공임을 이야기한다.

곧 몸과 마음이 모두 공임을 이야기한다. 일체개공一切皆空으로 아무 것도 없음을 이야기한다.

그런데도 사람들은 마치 우리 몸이 실제 있는 것처럼 생각한다. 그리고는 집착해서 온갖 업을 다 짓는 것이다. 마치 수백 수천 년 살 것같이 말이다. 이를 전도몽상顚倒夢想이라 한다. 본질과 현상을 꿈 같이 거꾸로 생각한다는 말이다.

마음의 본질도 결국 공이고 우주의 본질도 결국 공이라면 이 둘이 서로 합쳐질 수는 없는가? 있다. 당연히 합쳐질 수 있다. 어디에서? 공에서!

마음의 본질이 공임을 터득한 사람은 곧바로 우주의 본질인 공과 통하게 된다. 곧 우주와 한 몸이 된다. 이를 우주 삼라만상의 진리를 터득했다고 하고, 자랑해서 "우주가 내 손바닥 안에 있다"고 하는 것이다.

---

*5온五蘊 다섯 덩어리. 5음五陰, 5법五法, 5사五事라고도 함. 색수상행식色受想行識, 곧 빛깔色, 받음受, 생각함想, 움직임行, 알음識으로 우리의 인식 과정을 뜻함. 행行은 마음속의 움직임을 말하고, 식識은 가리새를 말함.

*18계十八界 18세계. 6근과 6경과 6식을 더한 것. 6근六根은 6정六情이라고도 하는데 안이비설신의眼耳鼻舌身意 여섯 뿌리를 말함. 뿌리란 감각기관, 느낌기관이란 뜻. 6경六境은 6진六塵이라고도 하는데 색성향미촉법色聲香味觸法으로 느낌의 대상을 말함. 6식六識은 견문취미촉지見聞臭味觸知로 여섯 가리새를 말함. 세계(界)란 일정한 범위란 뜻. 이 중 6근과 6경을 합쳐 12처十二處 또는 12입十二入이라고 함.

18계 정리 6근(六根, 六情)-안眼 이耳 비鼻 설舌 신身 의意
　　　　　　　　　　　 눈　귀　코　혀　몸　뜻함

　　　　　　6경(六境, 六塵)-색色 성聲 향香 미味 촉觸 법法
　　　　　　　　　　　 빛깔 소리 냄새 맛 닿음 진리

　　　　　　6식(六識)-----견見 문聞 취臭 미味 촉觸 지知
　　　　　　　　　　　 眼識 耳識 鼻識 舌識 身識 意識
　　　　　　　　　　　 보기 듣기 맡기 맛보기 느끼기 알기

---

*12인연十二因緣 12연기十二緣起. 12지十二支. 12가지가 연이어 일어남.
밝지 못한 것(無明), 움직임(行), 가리새(識), 이름과 물질(名色),
여섯 기관(6處, 6入), 닿음(觸), 느낌 받음(受), 좋아함(愛), 달라
붙음(取), 있음(有), 살아감(生), 늙어 죽음(老死).

*4성제四聖諦 4제四諦, 4진제四眞諦, 4가지 성스런 진리, 곧 고집멸도.
고제苦諦-괴로움의 진리.
집제集諦-괴로움이 쌓이는 진리. 괴로움의 원인 되는 진리
멸제滅諦-괴로움을 없애는 진리.
도제道諦-도가 되는 진리.

(있다 없다)

내가 있다 하거들랑 십이연기 보게 하고

우주 있다 하거들랑 성주괴공 보게 하라.

일체가 변하여서 머무름이 없으니

있다 없다 말소리가 어디에 붙겠는가.

있다 하니 헛것이요 없다 하니 거짓이라

있지도 아니하고 없지도 아니하네.

이 뜻이 무엇이요 원효대사 이르시길

삼계는 유심이요 만법은 유식이라.

공이란 무엇인가?

공空을 자꾸 이야기하는데 공이 무엇인가? 비었다고 하는데 비었다는 것이 무엇인가? 무엇이 있다는 뜻인가, 없다는 뜻인가?

불행히도 그 뜻을 정확히 알 수가 없다. 적어도 나같은 사람으로서는 말이다. 이는 깨친 사람이나 부처만이 알 수 있다. 따라서 나같은 사람은 그 뜻을 미루어 짐작해 볼 뿐이다. 이제 그 뜻을 미루어 짐작해 보면 몇 가지 속성이 나온다.

첫째, 공은 무엇인가 있다(有)는 뜻이다. 없으면 없다(無)이기 때문이다. 따라서 여기의 공은 없다(無)와는 다르다.

그러면 무엇이 있다는 것인가? 원효대사는 한없는 공덕(무량공덕)을 이야기한다. 곧 공에는 부처의 한없는 공덕이 있다는 것이다. 그러나 이는 너무 추상적이고 불교적이다. 이제 다소 현실적이고 이론적으로 이야기해 본다.

둘째, 공은 물질 이전의 단계이다. 이 공에서 만물이 나온다. 곧 만물의 근원이다. 이때는 공空에 대비되는 말로서 유有를 쓴다.

이를 불교에서는 만물이전萬物以前, 부모이전父母以前, 공겁이전空劫以前, 천지미생이전天地未生以前이라 한다. 곧 만물이 생기기 전, 부모가 생기기 전, 우주가 생기기 전, 천지가 생기기 전이라는 뜻이다.

셋째, 공은 무엇인가가 있기는 하나 손에 잡히는 물질은 아니다.

따라서 우리가 아는 만물은 없다. 이때는 공空에 대비되는 말로서 색色을 쓴다.

여기의 색色은 초기 물질부터를 뜻한다고 볼 수도 있고, 이기질理氣質이라 했을 때 기氣와 질質을 합한 것으로도 볼 수 있다.

어쨌든 이때의 공에는 우리가 아는 만물이 없다. 따라서 사람도 우주도 없다. 사람이 없으니 몸과 마음도 없고, 생로병사도 없으며, 희로애락도 없다. 또 우주도 없으니 해 달 별도 없고, 성주괴공도 없으며, 우주의 생성과 소멸도 없다.

넷째, 공은 고요하고 조용하다. 이를 적멸寂滅이라 한다.

적멸에는 변함도 없고 움직임도 없으며(不變不動), 늘어남도 없고 줄어듦도 없으며(不增不減), 남도 없고 죽음도 없으며(不生不滅), 깨끗함도 없고 더러움도 없으며(不垢不淨), 분별도 없다(無分別).

분별이 없기 때문에 미추美醜도 없고 선악善惡도 없다. 나아가 생각도 없고(無念) 마음도 없다(無心). 또한 시간도 없다. 따라서 여기서는 찰나가 영원이고 영원이 찰나가 된다.

다섯째, 공은 보편적이고 평등하다. 치우침이나 불평등이 없다.

여기서는 모든 진리가 똑같다. 또한 여기서는 부처도 중생도 없다. 여기에 오면 누구든지 똑같이 부처가 된다. 따라서 부처와 중생의 구별이 없다.

여섯째, 그러면 공은 언제부터 이와 같이 되었는가? 그것은 모른다. 그러면 부처가 있어서 이렇게 된 것인가? 아니다. 부처가 있든 부처가 없든(有佛無佛) 본디부터 그러했다. 부처와는 상관이 없다.

그러면 신神이 창조했는가? 그럴 수도 있을 것이다. 그렇다면 그 신은 누가 창조했는가? 아니면 그 신은 어떻게 해서 있게 되었는가? 모른다. 따라서 불교에서는 절대자 신을 이야기하지 않는다. 현재 그렇다는 데서 출발한다.

이를 여여如如라 한다. "본디부터 그러하다, 본디부터 있는 그대로다"라는 뜻이다. 이 여여如如를 『대승기신론』에서는 진여眞如라 한다. "참된 것 그대로, 있는 그대로"라는 뜻이다. 그러면서 진여사의眞如四義 곧 진여의 네 가지 뜻을 이야기한다.

온갖 잘못을 아주 끊으며, 온갖 만물을 품어 안고, 갖추지 않은 덕이 없으며, 나타내지 않는 모습이 없다는 것이 그것이다.

우리는 여여如如보다는 여래如來라는 말을 더 즐겨 쓴다. "변하지 않고 있는 그대로 왔다"는 뜻이다. 누가 변하지 않고 있는 그대로 올 수 있는가? 부처만이 그렇게 할 수 있다. 그래서 우리는 부처를 여래라 한다.

일곱째, 진여사의와 비슷한 말로 청일담허淸一湛虛를 이야기한다. 곧 깨끗하고, 한결같고, 맑고, 비었다는 것이다. 공의 성질이 이렇다는 말이다.

여덟째, 상락아정常樂我淨을 이야기한다. 곧 한결같고, 즐거우며, 진실되고, 깨끗하다는 것이다. 역시 공의 성질이 이렇다는 말이다.

아홉째, 공의 경지를 터득한 사람을 우리는 깨친 이(覺者) 또는 부처(佛)라 한다. 이들은 생사生死는 물론이요 윤회까지 자재自在할 수 있다. 이를 자유인自由人, 무애인无㝵人이라 한다. 무애란 거리낌이 없다는 뜻이다.

열째, 이러한 공을 말로 표현할 수 있느냐 없느냐가 문제이다. 이른바 불가설不可說 가설可說이다. 이 중 석가는 불가설不可說임을 알면서도 풀이하는(可說) 입장을 취했다. 원효대사도 마찬가지다.

이는 말할 것이 없이 우리 같은 중생을 위해서다. 우리 같은 사람은 말로 하지 않으면 그나마도 알아듣지 못하기 때문이다. 그래서 이분들을 성인이라 한다.

*진여4의眞如四義 영절백비永絶百非 포용만물苞容萬物
무덕불비無德不備 무상불현無像不現

공과 색의 관계

공空과 색色의 관계를 한번 살펴보자.

파란 잔디밭이 있다. 잔디들이 잘도 자랐다. 이 잔디들은 모두 하늘, 곧 허공을 향하고 있다. 모두 허공과 맞닿아 있다. 따라서 어느 잔디를 택하든 모두 허공과 맞닿을 수 있다.

세상 모든 만물도 이와 같다. 모두 공과 맞닿아 있다. 어느 것을 택하든 모두 공과 맞닿을 수 있다. 곧 세상 만물의 본질은 모두 공이라는 말이다.

따라서 우리는 그 무엇을 통해서도 공에 이를 수 있다. 나무를 통해서도, 돌멩이를 통해서도, 사람을 통해서도, 부처를 통해서도 말이다. 이를 두두물물頭頭物物, 두두시도頭頭是道라 한다. 세상 만물 모두가 도와 통한다는 말이다.

그러나 공과 색, 이 둘이 실제로는 구분되지 않고 한데 어우러져 있다, 융합되어 있다, 혼합되어 있다, 응축되어 있다, 중첩되어 있다, 겹쳐져 있다, 포개져 있다.

그런데 이 둘이 어우러져 있다는 사실을 좀체 이해할 수가 없다. 사실 이것만 정확히 이해한다면 불교 공부는 끝난다고 할 수 있다. 남는 것은 자기가 직접 수행해서 그런 사실을 직접 확인하는 것뿐이다. 이를 깨침이라 한다.

이것을 말로 표현하기는 더욱 어렵다. 아니 말로 잘 표현할 수가 없다. 그래서 불가설不可說 가설可說을 이야기했다.

그러나 나름대로 갖가지로 설명한다. 공즉시색 색즉시공, 비일비이, 원융, 제등, 중도 등의 말로서 말이다.

공즉시색空卽是色 색즉시공色卽是空은 "공이 곧 색이고 색이 곧 공"이라는 말이다. 이렇게 양쪽에서 한 번씩 말한 것은, 서로 어우러졌지만 똑같지는 않다는 뜻이다. 말로 설명하지만 잘 안 된다는 뜻도 있다.

비일비이非一非異는 "같은 것도 아니고 다른 것도 아니다"라는 뜻이고, 원융圓融은 "둥그스레 어우러져 있다"는 뜻이며, 제등齊等은 "가지런히 같다"는 뜻이고, 중도中道는 "가운데 길이다"라는 뜻이다.

그러나 그 어느 것도 정확한 표현이 못 된다. 왜냐? 정확히 표현할 수가 없기 때문이다. 이해의 한계성은 물론 언어의 한계성 때문이다.

이 우주가 현실적으로 이렇게 되어 있는데도 이해하기도 힘들고 말로 표현하기는 더욱 힘드니 답답한 노릇이다. 그런데도 이 말들을 사용하지 않을 수가 없다.

(공과 색)
색에서 공을 보고 공에서 색을 보네.
색이 곧 공이요 공이 곧 색이라
색에도 들지 않고 공에도 들지 않고
나가지도 아니하고 머물지도 아니 하네.

일체가 빈 것이라 분별하지 아니하니
티끌에서 연화 보고 내 몸에서 부처 보네.
번뇌가 보리이고 생사가 열반이니
찾으려는 마음 또한 사라지고 없구나.

선시

예부터 공과 색을 한꺼번에 표현해 보려는 노력이 있다. 흔히 말하는 선시禪詩, 선문답禪問答 같은 것이 그 예다.

여기서는 몇 가지 예만 들어본다. 미리 양해를 구할 것은, 공에 들어가 보지 못한 사람이 풀이하는 것이라 본뜻과는 다를 수도 있으며, 풀이에 다소 문제가 있을 수도 있다는 점이다.

불교에는 오도송, 열반송 같은 노래가 있는데, 오도송悟道頌은 공을 깨친 후 그 경지를 표현한 노래이고, 열반송涅槃頌은 돌아가시기 전에 읊는 노래이다. 성철性徹 스님의 오도송과 종정송宗正頌을 예로 본다.

(성철스님 오도송)
황하수는 서쪽 흘러 곤륜산서 치솟고
해와 달도 빛이 없고 대지大地도 가라앉다.
문득 한 번 웃고서 고개 돌려 서보니
청산은 흰 구름 속 옛 그대로 있구나.
黃河西流崑崙頂　日月無光大地沈
遽然一笑回首立　靑山依舊白雲中

(성철스님 종정송)

산은 역시 산이요 물은 역시 물이라.
해와 달과 별들도 한꺼번에 어둡다.
이 중의 깊은 뜻을 구태여 알려거든
목마 탄 채 불속을 뚜벅뚜벅 걸어라.
山是山慧水是水 日月星辰一時黑
欲識箇中深玄義 火裏木馬步步行

중국 황하강은 원래 곤륜산에서 발원하여 동쪽으로 흘러 서해로 들어간다. 그런데 오도송에는 거꾸로 '서쪽으로 흘러 곤륜산에서 치솟고'라고 했으니 이치상 맞지 않는다.

이는 곧 모든 만물의 근원을 더듬어 깨쳤다는 뜻이다. 황하강의 발원지를 찾았다는 것이 이를 뜻한다. 물론 "두만강이 서쪽으로 흘러 백두산서 치솟고"라고 해도 마찬가지 뜻이 된다.

어쨌든, 그랬더니 그 근원이 위에서 말한 것처럼 한결같고, 보편적이며, 평등하더라는 것이다. 이를 표현한 것이 "해와 달도 빛이 없고 대지大地도 가라앉다"라는 비유이다.

해와 달은 우주를 뜻하는데 이것이 빛이 없으니 한결같고 보편적이며, 대지는 땅덩어리를 뜻하는데 이것이 가라앉았으니 역시 한결같고 보편적이다. 곧 위에 말한 공의 특질을 표현한 것이다.

그러나 자기는 지금 현실세계에 있다. 현실세계에서 공의 특질을 이해하고 나서, 곧 공을 깨치고 나서 만족해서는 한 번 크게 웃고서 고개를 돌려 현실세계로 돌아와 보니, 말할 것도 없이 현실세계는 처음 그대로 있는 것이다. 이를 "청산은 흰 구름 속 옛 그대로 있구나"라고 했다. 즉 이 시는 현실세계 곧 색계色界에서, 깨침의 세계 곧 공계空界를 터득한 후 이 둘을 한데 아우른 시가 된다.

다음 종정송에서 말한 "산은 역시 산이요 물은 역시 물이라"는 색계色界, 곧 현실세계를 나타내고, "해와 달과 별들도 한꺼번에 어둡다"는 공계空界, 곧 깨침의 세계를 나타낸다.

색계에서 세상 만물을 있는 그대로 보고서 공계의 이치를 터득했다는 것이니, 위에서 말한 두두시도頭頭是道, 곧 세상 만물이 모두 도와 통한다는 것과 같다.

"목마 탄 채 불 속을 뚜벅뚜벅 걸어라"도 상식적으로는 맞지 않는다. 목마木馬가 걸을 리도 없고, 불 속은 더욱 걸을 리가 없다.

그러나 이는 공을 기준하면 가능하다. 일체 만물의 본질이 공이기 때문이다. 공에서는 목마도 걸을 수 있고 또한 불 속도 걸을 수 있다. 불의 본질도 공이다.

이보다 더한 것도 가능하다. 석녀石女, 곧 돌로 만든 여자도 아이를 낳을 수 있고, 돌부처도 돌아앉을 수 있다. 다음의 혜암慧菴 스님 열반송도 이와 마찬가지로 풀이하면 된다.

(혜암스님 열반송)

나의 몸은 본래 없는 것이요

마음 또한 머무는 바 없도다.

무쇠 소는 달을 물고 달아나고

돌사자는 소리 높여 울부짖도다.

我身本無有 心亦無所住

鐵牛含月走 石獅大哮吼

그러나 선시의 다소 극적인 면은 아무래도 중국 신수神秀와 혜능
慧能의 시가 아닌가 한다. 이 시 한 수로 서로의 운명(?)이 뒤바뀌었
기 때문이다.

자타가 공인한 신수는 5조五祖 홍인弘忍의 법통을 이어받지 못했
고, 대신 부엌데기 혜능은 법통을 이어받아 6조六祖가 되었기 때문
이다. 두 사람의 시는 이렇다.

(신수의 시)

몸은 보리(깨침)의 나무요

마음은 맑은 거울 받침대와 같다.

때때로 부지런히 털고 닦아서

먼지가 끼지 않게 해야 한다.

身是菩提樹 心如明鏡臺 時時勤拂拭 莫使有塵埃

(혜능의 시)

보리는 본래 나무가 없고

맑은 거울 또한 받침대가 없다.

부처의 성품은 항상 맑고 깨끗하니

어느 곳에 먼지가 있으리오.

菩提本無樹　明鏡亦無臺

佛性常淸淨　河處有塵埃

이 두 시의 근본적 차이점은 무엇일까? 바로 "구분해서 표현했느냐, 융합해서 표현했느냐"이다. 신수의 시는 구분한 느낌이 강하고, 혜능의 시는 융합한 느낌이 강하다.

융합한 쪽에 더 많은 점수를 주는 것이 선가禪家의 소견인 것 같다. 그래서 혜능이 법통을 이어 받은 것 같다.

하지만 혜능에게도 다소 문제가 있다. 왜 남의 시에 빗대어 자기 견해를 표현했느냐는 것이다. 자기와 견해가 다르다면 남에게 빗댈 것 없이 자기 자신의 시로 표현하는 것이 예의라 생각된다. 중국 선종의 계보가 6조뿐인 것도 이상하다.

*중국 선종의 계보 1조 달마達磨, 2조 혜가慧可, 3조 승찬僧璨, 4조 도신道信, 5조 홍인弘忍, 6조 혜능慧能.

한편 우리의 옛 선조 특히 신라 스님들은 이를 좀 더 직접적이고 직설적이며 나아가 논리적으로 설명하는 방법을 취했다. 원효元曉, 의상義湘, 명효明晶 등이 대표적인데, 의상대사 법성게法性偈 앞부분을 보면 이렇다.

(법성게 일부)
본바탕은 둥글어 두 모습이 없으며
모든 것은 안 뮈어 본디부터 고요해
이름 없고 꼴 없어 모든 것을 끊으니
깨치면은 아는 곳 다른 자리 아니다.

하나 안에 모두요 모두 안에 하나라
하나가 곧 모두요 모두가 곧 하나라
작은 먼지 하나가 온 우주를 머금고
모든 먼지 똑 같아 온 우주를 머금어.

法性圓融無二相　諸法不動本來寂
無名無相絶一切　證智所知非餘境
一中一切多中一　一卽一切多卽一
一微塵中含十方　一切塵中亦如是

"본바탕은 둥글어 두 모습이 없다"에서 본바탕은 만물의 근원을 말하고, "둥글다"와 "두 모습이 없다"는 근원이 고르고 보편적이며 평등함을 뜻한다.

이는 곧 공의 특질을 표현한 것이다. 따라서 이 구절은 온갖 만물, 곧 색계色界와 그 본바탕, 곧 공계空界를 융합해서 표현한 것이 된다.

"모든 것은 안 뮈어 본디부터 고요하다"는 것도 위와 비슷한 풀이로서 색과 공을 아우른 말이 된다.

"모든 것"이란 물질세계의 모든 것이라는 말이고, "안 뮈다"는 움직이지 않다(不動)는 고어古語이며, 본디부터 고요하다는 공의 특질을 표현한 것이다. 따라서 이 말도 색과 공을 아우른 말이 된다. 그 아래 구절도 이와 비슷한 표현이다.

공을 말로 표현할 수 없음을 알면서도 말로 표현하고, 공과 색을 아울러 표현해 보려는 우리 선조의 노력이 소중하다 생각된다.

(비고 안 빔)
본바탕은 비어서 이름 없고 꼴 없어
모든 것은 안 비어 이름 있고 꼴 있어
빔 안 빔 다 아니고 없다 있다 다 아니며
둥그스레 어울러 구분됨이 없으니

일체 모든 세계는 오직 맘이 지은 것

일체 모든 세상도 오직 맘이 지은 것

마음 만약 생기면 모든 것이 생기고

마음 만약 없으면 모든 것이 없어져.

法性是空 無名無相 諸法不空 有名有相

空不皆非 無有皆非 圓融和合 無有分別

一切世界 唯心所作 一切世上 唯心所作

心生卽而 種種法生 心滅卽而 種種法滅

산 오르기

많은 사람들이 산에 오른다. 산은 오르는 길도 많고, 오르는 방법도 많다. 동쪽 길도 있고 서쪽 길도 있으며, 아래에서 쉬기도 하고 중간에서 쉬기도 한다.

어쨌든 정상에 오르기만 하면 아래를 다 내려다볼 수 있다. 모든 길과 모든 방법을 다 볼 수 있다.

이때 정상에 오른 사람이 한 말은 모두 다 맞다. 이쪽으로 와라 해도 맞고 저쪽으로 가라 해도 맞으며, 그렇다 해도 맞고 아니다 해도 맞으며, 심지어 있다 해도 맞고 없다 해도 맞다. 산 위에서 내려다보고 그 형편에 따라 적절히 말하는 것이기 때문이다. 곧 이 사람이 한 말은 전혀 상반되는 말이라도 모두 다 맞다.

그러나 이 말이 모두에게 두루 통용되는 것은 아니다. 동쪽 길로 가는 사람에게는 맞을 수 있으나 서쪽 길로 가는 사람에게는 맞지 않을 수도 있다. 또 건강한 사람에게는 맞을 수 있으나 몸이 약한 사람에게는 맞지 않을 수도 있다.

곧 보편적으로 다 통용되는 말은 아닐 수도 있다는 말이다. 어쩌면 이런 말은 없을 수도 있다. 물론 그렇다고 틀린 말은 아니다.

또 만약 이 사람에게 산 정상을 설명해 보라고 하면 어떻게 말할까? 천하절경이라 할까? 운무가 쫙 깔렸다고 할까?

물론 맞는 말이다. 그러나 천하절경이 이 산만의 특징이 아니고, 운무가 쫙 깔린 것이 이 산만의 특징이 아니다. 이 산의 정상이 비록 천하절경이기는 하지만 천하절경은 이 외에도 상당히 많으며, 운무가 쫙 깔린 곳 역시 이 외에도 상당히 많다. 곧 틀린 말은 아니지만 전부는 아니라는 것이다.

더구나 이 이야기를 듣고 다른 사람이 그 산 정상을 이해할 수 있을까? 그려낼 수 있을까? 힘들 것이다. 불가능에 가깝다.

그렇다고 이 사람이 산 정상을 보지 않은 아니다. 분명히 봤다. 곧 산 정상은 무엇으로도 온전히 표현하지 못한다는 말이다. 그 누구도 말이다. 이를 위에서 말로 표현할 수 있느냐 없느냐(不可說 可說)는 문제라 했다.

곧 말로 표현하려고 입만 열면 착오가 생긴다는 말이다. 틀린 것은 아니지만 완벽하지는 못하다는 뜻이다. 이를 개구즉착開口卽錯이라 한다. 곧 산 정상을 표현하는 것은 불가능에 가깝다는 뜻이다.

그러면 해결책은 무엇인가? 한 가지뿐이다. 자기가 직접 산 정상을 보는 것! 그러면 모든 문제가 다 해결되고 모든 문제가 다 풀린다. 그리고 다 통한다. 이 외에는 달리 방법이 없다.

그래서 그 많은 사람들이 그 어려운 수행을 한다. 공을 직접 보려고. 그리고 이 공을 본 나름대로의 갖가지 방법들을 한데 모아놓은 것이 그 방대한 불교 대장경이다.

나는 이 중 나에게 적당한 것을 택해 공부하면 된다. 어느 하나에만 통하면 모든 것에 다 통하기 때문이다. 어느 길을 택하든 산 정상에 오르기만 하면 모두 다 내려다볼 수 있는 것과 같다.

선문답

흔히 선문답禪問答이라 하면 엉뚱한 질문이나 대답, 알아듣지도 못하는 말, 고상한 말장난을 떠올린다.

그러나 그 본뜻은 공과 색의 관계를 설명하는 것이다. 현재 우리가 살고 있는 색계色界에서 공계空界의 경지를, 곧 공에 들어가 봤는지를 말이다.

따라서 이 선문답은 스승이 제자를 가르치는 방법이기도 하고, 제자의 경지를 확인하는 방법이기도 하다. 산 정상에 올라서서 산 아래를 내려다보는지 아닌지를 말이다.

이때 가장 좋은 표현법은 이 둘을 두루뭉술하게 융합하는 것이다. 공과 색 어느 한 쪽에 치우쳐서도 안 되고, 어느 한 쪽이 두드러져서도 안 된다. 흔히 이때의 판단 기준으로는 위에 말한 여여如如, 부동不動, 무분별無分別, 불가설不可說 등을 이용한다.

어떤 스님이 조주趙州 스님에게 물었다.
"조사가 서쪽에서 온 뜻이 무엇입니까?"
조주가 대답했다.
"뜰 앞의 잣나무다."

여기에서 조사祖師는 인도 태생으로 중국에 건너온 달마達磨대사를 말하는데, 이 대답은 상식적으로는 동문서답이다. 달마가 중국에 온 뜻을 물었으니, 당연히 "부처 법을 전하기 위해서다, 공空을 알리기 위해서다." 뭐 이런 식으로 답해야 왔다.

그런데 엉뚱하게도 "뜰 앞의 잣나무다."라고 대답했다. 곧 조주의 뜻은 일체 만물의 본질은 공이니, 그 공을 찾을 것이지 왜 쓸데없는 현상에만 신경을 쓰느냐는 것이다.

달마조사가 중국에 온 것도 사실은 그 본질은 공이니, 공에서 보면 오고간 것도 없다. 이 오고간 것도 없는 것은, 저 뜰 앞의 잣나무가 무심히 서있는 것과 다를 바가 없다. 사실 저 뜰 앞의 잣나무 역시 그 본질은 공이다. 이와 같이 일체가 공이다. 뭐 이런 뜻이다.

그러면 조사는 있는가? 곧 달마조사는 있는가? 없다. 조사의 본질도 공이다. 왜냐? 사대화합이기 때문이다. 조사가 없으니 오고감도 없고, 오고감이 없으니 뜻도 없다.

어떤 스님이 물은 것은 색에서 물은 것이다. 아직 공에 이르지 못해 현상계만 본 것이다. 따라서 분별력이 남아 있다. 이에 조주는 그 분별력을 뛰어넘은 공을 깨쳐준 것이다.

어떤 스님이 동산洞山 스님에게 물었다.
"무엇이 부처입니까?"
동산이 대답했다.
"마 서 근이다."

마麻는 삼베옷을 만드는 재료이다. 이것도 앞에서와 똑 같은 동문서답이다. 따라서 풀이도 똑같다. 부처든 마든 그 분질은 모두 공이기 때문이다. 곧 일체개공이기 때문이다.

부처도 공이기 때문에 어떤 곳에서는 길을 가다가 부처를 만나면 그 부처를 죽이고, 조사를 만나면 그 조사를 죽여라(殺佛殺祖)라고까지 한다. 일체개공에 철저한 것이다.

위에서 말한 마가 서 근인지 너 근인지는 아무 의미가 없다. 또 구태여 마를 예로 들 것도 없다. 다른 것을 예로 들어도 된다. 동산

이 마를 예로 든 것은 마침 상대에게 설명하기 가장 적합한 것이 '마'였기 때문이다.

따라서 운문雲門 스님은 제자가 "무엇이 부처입니까?" 하고 물었을 때 "마른 똥 막대기다."라고 대답한다. 부처님을 마른 똥 막대기라고 했으니 여간 결례가 아니지만 그 본질은 모두 공이라는 뜻이다.

임제臨濟와 황벽黃蘗의 관계를 이렇게도 설명할 수 있다. 임제가 자기의 깨친 경지를 스승 황벽에게 확인 받고 싶었다. 스승을 찾아 갔더니 스승이 말했다.

"깨친 경지를 말해라! 말을 해도 30대를 때릴 것이고,
말을 하지 않아도 30대를 때릴 것이다."

그러자 임제가 말을 하려 했다. 이때 황벽이 임제를 후려갈겼다. 곧 말을 하지 말라는 것이다. 말을 하면 착오가 된다는 것이다. 개구즉착開口卽錯이다. 말로 표현할 수 없는 것을 억지로 표현하려 애쓰면 생각이 개입돼 이미 본질을 잃어버린다는 말이다.

그러나 말을 하지 않으면, 또는 어떤 방식으로든지 표현하지 않으면 그가 진실로 도를 깨쳤는지 아닌지를 알 수가 없다. 이때는 대개 적절한 표현이나 행동으로 나타내는데, 대부분 자기들 가풍에

독특한 것이 많다. 따라서 다른 사람으로서는 이해하기 힘든 경우
가 있다.

어떤 스님이 조주趙州에게 말했다.
"스님, 가르침을 주십시오."
조주가 말했다.
"아침밥은 먹었는가?"
"예, 먹었습니다."
또 조주가 말했다.
"그럼 밥그릇(발우)이나 깨끗이 씻게."

순간 스님은 크게 깨달았다. 깨침 곧 공이 멀리 있는 것이 아니
라, 세상 모든 것이 공이라는 말이다. 지금 자기가 그 공 속에 있다
는 말이다. 따라서 자기가 먹고 사는 것도 그 본질은 공이라는 말
이다.

그런데도 자기는 이제까지 그것을 멀리서 찾은 것이다. 공은 저
멀리에, 자기와는 상관없이, 아주 별도로, 아주 장엄하게 있는 것
등등으로 말이다.

곧 공 속에 있으면서 공을 찾고, 깨침 속에 있으면서 깨침을 찾아
헤맨 것이다. 조주가 그 점을 일깨워줬고, 스님은 그 점을 퍼뜩 깨
친 것이다.

(장졸수재張拙秀才 선사 오도송)

밝은 빛이 온 누리에 고요하게 비치니

부처와 중생이 모두 나와 가족이네.

한 생각도 안 생기니 전체가 드러나고

여섯 느낌 움직이니 구름 속에 가려지네.

번뇌를 끊으려니 병만 되레 깊어지고

진여를 찾으려도 병만 역시 깊어지네.

세상일에 부대껴도 거리낌이 없으니

생사열반 모두가 허공 중의 꽃이로다.

光明寂照徧河沙　凡聖含靈共吾家

一念不生全體現　六根䰅動被雲遮

斷際煩惱重增病　趣向眞如亦是邪

隨順世緣無罣碍　涅槃生死是空華

(있다면 있고)

있다면 있고 없다면 없는 세상에서

있다면 있고 없다면 없는 몸을 끌고

있다면 있고 없다면 없는 삶을 사는

세상사 모든 사람 자유자재 하십시오.

있다면 있고 없다면 없는 윤회에서
있다면 있고 없다면 없는 업을 지고
있다면 있고 없다면 없는 삶을 도는
세상사 모든 사람 자유자재 하십시오.

2. 죽음으로부터의 해방

몸으로는 공에 들 수 없다

죽음의 본질이 공이라면 죽기 전에 그 본질에 들어가 볼 필요가 있다. 죽으면 이미 늦기 때문이다.

그러면 우리의 몸과 마음 중, 어느 것을 통해야 공에 들 수 있을까? 몸과 마음이 한꺼번에 든다면 그대로 영생이니 더할 나위 없이 좋겠지만 현실은 그렇지 못하다.

아무래도 몸으로는 들 수 없다. 왜냐? 거듭 말했듯이 우리 몸은 사대화합이라 언젠가는 흩어지게 되어 있기 때문이다. 물론 현대의학에서 수명을 늘이기 위해 무진 노력하지만 아직까지는 두고 봐야 할 일이고.

사실 석가나 예수도 몸의 죽음을 피하지 못했다. 그들은 우리가 생각하는 것과는 달리 편안하게 죽음을 맞지 못했다.

석가는 자기를 독실하게 따르는 순타라는 사람이 차려준 공양을

드시고 식중독에 걸려 고생하다가 돌아가신 것으로 알려지고 있다. 평생 수행한 사람이 그깟 독버섯 때문에 죽다니 쉽게 이해가 되지 않는다.

더구나 식중독이니 뒤처리가 오죽했겠는가. 오히려 "이런 독버섯쯤이야!" 하면서 툭툭 털고 일어났으면 훨씬 더 좋았을 것이다는 것이 우리의 소견이다.

물론 이것은 어디까지나 우리의 소견이고 석가의 뜻은 다르다. 곧 우리 몸은 유한하니 몸에 너무 집착하지 말고, 대신 죽지 않는 마음공부나 열심히 하라는 것이다.

로마 군인에 의해 죽임을 당한 예수도 비슷하다. 하나님의 아들이란 분이 자기 몸 하나를 건사할 능력이 없어 십자가에 못 박히고 창에 찔려 죽는가. 그러고는 삼일 후에 다시 부활하는가.

그럴 것 없이 창에 찔렸을 때 상처가 순간적으로 저절로 아물어 붙든지, 아니면 오히려 더욱 건장한 모습이 되었더라면 로마군은 두 번 다시 찌르지 못했을 것이다.

그러나 이것 역시 우리의 소견이다. 육신으로서는 천당에 갈 수 없음을 가르친 것이다. 오직 영적으로만 천당에 가고 구원받을 수 있음을 가르친 것이다. 모두 유한한 육신에 너무 욕심을 갖지 말 것을 가르친 것이다.

옛 문헌을 보면 앉아서 죽고, 서서 죽으며, 공중에 떠서 죽고, 심지어 거꾸로 매달려 죽기도 한다. 석가나 예수 같은 분이 이런 능력이 없어서 그냥 죽었겠는가? 말할 것도 없이 더 큰 것을 가르치기 위해 이런 행동을 하지 않은 것이다. 그래서 우리는 그들을 성인이라 한다.

사실 늙으면 골칫거리다. 움직이지도 못하는 이 송장덩어리를 어떻게 처리할 것인가? 죽은 것도 아니고 산 것도 아닌 상태에서 시간만 끌면 어떻게 할 것인가? 자신은 물론이요 가족까지 초토화시킨다. 참으로 기막히지 않은가.

그래서 사람들은 "잠자다가 죽는 것, 잠자듯이 죽는 것"을 그렇게 소원하는지도 모른다. 이것이 한 걸음 더 나아간 것이 앉아서 죽는 것, 서서 죽는 것이고. 어쨌든 죽음을 어느 정도 자재할 수 있다는 말이다.

박순朴淳은 이조 선조 때의 재상이다. 그는 젊을 때 명망이 높았으나 정작 관직에 나아가서는 두각을 드러내지 못했다. 그러나 이이李珥, 성혼成渾과 같은 인재를 적극 기용했다. 당파싸움이 시작되자 백운산白雲山에 들어가 숨어 살았다.

66살이 되던 어느 날 아침 평소처럼 일어나 시를 읊으며 중얼거렸다. 그런 뒤 누워서 잠시 앓는 소리를 냈다. 부인이 들어가자 말했다.

"내가 가오."

그리고는 숨을 거두었다.(-『연려실기술』)

손순효孫舜孝는 이조 성종 때의 재상인데 성실하기도 소문났다. 한번은 무릎을 꿇고 성종이 앉아 있는 용상龍床으로 다가가서 용상을 어루만지며 가만히 말했다.

"이 용상이 아깝습니다."

성종이 말했다.

"나도 알지만 어쩔 수가 없소."

이는 성종의 세자 연산군燕山君이 왕위를 보전하지 못할 것을 가만히 아뢴 것인데 성종도 이를 알지만 어쩔 수 없다고 답한 것이다. 신하들이 감히 임금을 독대獨對한다고 소란을 피웠지만 성종은 "술을 너무 많이 마시지 말라고 아뢴 것이다" 하고는 얼버무렸다. 손순효의 사람됨을 알기 때문이었다.

그는 평소 입버릇처럼 말했다.

"나는 병들지 않고 잠자듯이 죽는 것이 소원이다."

70살이 되던 어느 날, 하루는 책보자기를 옆구리에 끼고서 집안 섬돌을 오르락내리락 했다. 그리고는 말했다

"그래도 어릴 때 공부하러 다닐 때가 제일 즐거웠어."

지금 그 흉내를 내보는 것이었다. 그리고는 방에 들어가 누웠다. 다른 사람들은 그가 평소처럼 잠을 자는 줄 알았다. 한참이 지나도 인기척이 없어 집안사람들이 들어가 보니 이미 숨져 있었

다.(-『연려실기술』)

어쨌든 어느 정도 죽음을 조절할 수 있음을, 자재할 수 있음을
전해주는 이야기들이다. 우리도 한번 그렇게 해보라는 뜻이기도
하고.

그동안은 몸을 소중히 해야 한다. 사대四大가 강건하고 육근六根
이 청정해야 수행도 할 수 있고 도도 닦을 수 있다. 더욱이 몸을 경
시하거나 학대해서는 안 된다. 단지 몸에 너무 집착하지 말라는 것
이다.

(몸과 마음에 감사)
내 몸에 감사하오. 진심으로 감사하오.
그 산만한 머리통을 여태 받쳐 주었으니.
내 이제 마음 편히 보살펴 줄 터이니
그대 또한 조신하여 더욱 정진 바라오.

내 맘에 감사하오. 진심으로 감사하오.
그 불덩이 몸뚱이를 여태 달래 왔으니까.
내 이제 몸 편히 보살펴 줄 터이니
그대 또한 조신하여 더욱 정진 바라오.

(몸에게 감사)

이내 몸은 사대화합 집착할 것 없지마는
함부로 다루어서 망쳐서도 안 되지요.
자식 도리 부모 도리 해야 함은 물론이요.
이 세상서 받은 은혜 갚아줘야 하니까요.

이내 몸은 사대화합 집착할 것 없지마는
함부로 다루어서 망쳐서도 안 되지요.
마음 닦아 부처세계 가야 함은 물론이요.
이 세상서 지은 빚도 갚아줘야 하니까요.

(침침하니)

눈이 다소 침침하니 가려 보기 딱히 좋고,
귀가 다소 어둑하니 가려 듣기 딱히 좋네.
시시콜콜 세상만사 다 알 것이 뭐가 있나,
가끔은 눈귀 막고 마음이나 닦아야지.

생각 다소 깜박이니 가려 알기 딱히 좋고,
기억 다소 깜박이니 가려 잊기 딱히 좋네.
시시콜콜 세상만사 다 알 것이 뭐가 있나,
가끔은 생각 끊고 마음이나 닦아야지.

마음으로 공에 든다

몸으로 공에 들지 못한다면 마음으로 들 수밖에 없다. 마음이 공에 드는 것을 견성(見性; 본바탕을 보았다), 오도(悟道; 도를 깨쳤다), 해탈(解脫; 모든 것을 벗어났다), 성불(成佛; 부처를 이루었다) 등등으로 말한다.

공에 들면 죽음을 벗어날 수 있고 윤회를 벗어날 수 있다. 아니 이들을 자유자재할 수 있다. 생사를 자유자재하니 이것보다 더 좋은 일이 없다. 그러니 삶과 죽음이 큰 의미가 없다. 이 경지를 고려 원감국사圓鑑國師 충지冲止는 이렇게 읊었다.

지나온 인생길 어언 육십칠

오늘 아침 이르러 모든 일을 마쳤구나.

돌아가는 고향길 평평하고 고르니

길머리가 분명해 헤맬 염려 전혀 없네.

그래도 손엔 아직 대지팡이 있으니

기쁘구나, 가는 길 실증나지 않겠네.

閱過行年六十七　及到今朝萬事畢

故鄕歸路坦然平　路頭分明未曾失

手中纔有一枝笻　且喜途中脚不倦 (涅槃頌)

내가 알고 죽으니 넉넉하고 여유로울밖에 없다.

그러면 수행을 했는데도 도를 이루지 못하면 어떤가? 실망할 것 없다. 비록 부처가 되지는 못해도 천당에는 갈 수 있다. 불교 26천天 중 어느 한 곳에는 갈 수 있다는 말이다.

사실 대부분의 생활 수행자들은 이 수준이라고 할 것이다. 전적으로 수행에 매달릴 수만은 없으니, 모두가 다 깨치기도 어렵기 때문이다.

그래서 사홍서원四弘誓願에서는 중생무변衆生無邊, 곧 중생은 한이 없다고 했고,『대승기신론大乘起信論』에서는 누구든지 3아승기가 지나야 도를 깨친다고 했다. 아승기란 아주 오랜 기간을 말하는데, 이를 세 번이나 지나야 한다는 것이다.

어쨌든 천당에 가면 좋다. 거기서 다시 공부를 할 수도 있고 그 다음에는 부처가 될 수도 있으니. 여기서는 누구든지 공부에 전념할 수 있다. 왜냐, 천당은 우리 인간세상처럼 먹고 살 걱정이 없기 때문이다. 원효대사는『유심안락도遊心安樂道』에서 이 경지를 이렇게 표현했다.

진기하고 향기 나는 법의 맛이 몸과 마음을 받들어 모시니,
누구에게 아침에 배고프고 저녁에 목마른 괴로움이 있겠는가?
구슬 같은 수풀과 향기로운 바람으로 따뜻함과 서늘함이 항상 알맞으니,

본디부터 겨울은 춥고 여름은 더운 번거로움이 없다.

여러 신선들과 함께 모여 여덟 가지 덕의 연꽃 못에서 때때로 목욕하니,

치우치고 싫어하는 시절을 오래오래 떨쳐버린다.

뛰어난 벗들과 서로 어울려 온 누리의 부처 땅에 노니니,

어려움은 멀리 보내지고 근심스런 고달픔은 위로된다.

이와 같이 천당은 좋은 곳이다. 그리고 잘 하면 좋은 사람도 만날 수 있다. 예를 들면 신라 선덕여왕이나 미륵보살 같은 분이다.

선덕여왕善德女王은 죽어서 도리천에 가기를 원했으니 만약 내가 죽어서 도리천에 간다면 선덕여왕을 만날 수도 있고, 또 우리의 구세주 미륵보살彌勒菩薩은 도솔천에 계시니 만약 내가 죽어서 도솔천에 간다면 미륵보살도 만날 수 있다.

도리천은 천당의 대문인 사천왕천 바로 위에 있으니 대문만 들어서면 바로 도리천이다. 누구든지 쉽게 갈 수 있다. 그 위위가 도솔천이다. 그리 멀지 않다. 도솔천만 가도 인간의 수명이 56억년으로 늘어난다. 거기다 먹고살 걱정 없으니 가볼 만하다.

그러면 이처럼 좋은 천당을 다른 사람이 대신 가게 해줄 수 있을까? 석가나 예수 같은 성현들이 말이다. 물론 그렇게 해줄 수도 있을 것이다.

그렇지만 원칙적으로 내가 가야 한다. 내 스스로 가야 한다. 이분

들은 내가 가는 것을 도와주는 인도자이자 스승일 뿐이다.

마치 선생님이 시험을 대신 봐서 합격시켜 줄 수가 없고, 경제학 교수가 돈을 대신 벌어줄 수가 없는 것과 같다. 시험은 내가 합격해야 하고, 돈은 내가 벌어야 한다. 불교나 예수교를 믿으면서 가피加被나 은총을 너무 기대하지 말라는 뜻이다.

그러면 불교의 최대 목표인 공에 드는 것, 곧 부처가 되는 것도 석가나 예수 같은 성현들이 대신 해줄 수 있을까? 이는 불가능하다.

내가 천당에 가는 것은 이분들이 어느 정도 도와줄 수 있겠지만, 내가 공에 드는 것, 깨침을 이루는 것은 전적으로 내 힘으로 해야 한다. 아무리 석가나 예수라도 이분들은 단지 보조자일 뿐이다.

그래서 불교에서는 석가를 신神이라 하지 않고 삼계도사三界導師라 한다. 곧 삼계에서 나를 이끌어주는 스승이라는 말이다.

제4장 공에 들기

1. 공에 드는 기초 작업

습관만 고치면 된다

천당天堂도 내가 가고 공空도 내가 들어야 한다면 어떻게 해야 되는 가? 아니 지금 당장 공에는 들지 못한다 하더라도 천당이라도 가려면 어떻게 해야 하는가?

우선 천당부터 가고 나서 거기서 다시 공부해서 공에 들면 되지 않겠는가? 깨침은 어차피 시간이 걸린다고 했으니…….

좋은 생각이다. 그런데 이것은 아주 간단하다. 쉽다. 습관만 바꾸면 되기 때문이다. 습관만 바꾸면 천당에는 물론 공에도 들 수 있다. 무슨 말인가? 비유를 들겠다.

　길을 가다가 돈이 떨어져 있으면 대부분 "돈이다!" 하고는 자기도 모르게 주울까 말까 망설인다. 만약 돌멩이나 휴지가 떨어져 있다면 그런 것이 떨어져 있는지도 모르고 그냥 지나친다.

　또 사람들에게 "여기 오실 때 무엇을 보셨습니까?" 하고 물으면 대부분 대답을 못한다. 머뭇거린다. 본 것이 기억나지 않기 때문이다. 물론 눈을 감고 온 것은 아니다.

　사실 여기 올 때 우리 눈은 모든 것을 다 보았다. 돌멩이, 휴지, 나무, 집, 자동차 등등 말이다. 그런데도 기억하지 못한다. 이때 눈은 헛것이다.

　그런데 돈은 당장 알아본다. 이것은 돈이 좋다는 인식이 머릿속에 박혀 있기 때문이다, 저장되어 있기 때문이다. 반대로 개똥 같이 아주 나쁜 것도 당장 알아본다. 이것 역시 나쁘다는 인식이 머릿속에 저장되어 있기 때문이다.

　이 머릿속에 저장된 것을 습관習慣이라 한다. 버릇이라 할 수도 있다. 어려운 말로 하면 습기習氣, 곧 마음에 배어든 기운이다. 이 마음속에 근본적으로 배어든 '좋다, 나쁘다'라는 기운이 순간적으로 판단해서 행동케 한다는 말이다.

　곧 필요하다고 판단되면 인식 체계를 계속시켜 알아보게 하고, 필요 없다고 판단되면 인식 체계를 중단시켜 그만 멈추게 한다는 말이다. 물론 계속시키면 우리는 돈이다 개똥이다 하고 알아보고, 중단시키면 옆에 지나쳐도 알아보지 못한다.

이때의 기준이 무엇일까? 좋아하고(호) 좋아하지 않는 것(불호)이다. 곧 마음의 본질에 저장되어 있는 호불호好不好가 행동 여부를 결정해서 마음의 형태에 명령을 내리면, 마음의 형태는 즉시 마음의 작용에 명령해서, 감각기관(6근)으로 하여금 인지케 한다는 것이다. 따라서 마음의 본질이 움직이지 않으면 그 아래는 전혀 움직이지 않는다.

이때 마음의 본질을 아뢰야식阿賴耶識이라 하고, 마음의 형태를 말나식未那識이라 하며, 마음의 작용을 의식意識이라 한다. 앞에서 말한 버릇, 곧 습기는 아뢰야식에 속한다.

그러면 이 좋아하고(호) 좋아하지 않는 것(불호), 곧 호불호好不好는 어떻게 해서 생겼을까? 평소 생활 습관에서 생겼다. 평소 마음 씀씀이에서 생겼다.

의식에서 생겨난 마음 씀씀이가 말나식을 거쳐 아뢰야식에 저장된 것이다. 이것이 순간순간 나도 모르게 판단하는 것이다. 이를 앞에서 습관, 습기, 버릇이라 했다.

이 습기는 살아서는 물론이요 죽어서도 작동한다. 생사 전반에 걸쳐 우리의 모든 행동을 결정한다. 죽어서 천당으로 가고 지옥으로 가는 것도 바로 이 습기 때문이다.

죽으면 의식은 바로 없어지고, 말나식도 미미해지며, 결국 아뢰야식만 남는다. 그러면 이 아뢰야식은 자기 습기대로, 곧 자기가 좋아하고 좋아하지 않는(호불호) 대로 간다.

살아생전 선한 일을 좋아해서 선한 습기를 쌓았다면 선한 습기대로 선한 세상으로 가고, 반대로 악한 일을 좋아해서 악한 습기를 쌓았다면 악한 습기대로 악한 세상으로 간다.

앞서 선한 사람은 반드시 선한 세상으로 가고, 악한 사람을 반드시 악한 세상으로 간다고 한 것도 사실은 바로 이 습기 때문이다. 또 앞서 자기 발로 걸어서 간다고 했는데 이것 역시 바로 이 습기 때문이다.

따라서 이는 피할 수가 없다. 자기의 습관이기 때문이다. 평소 자기가 지은 업보이기 때문이다. 이를 "천리天理는 엄정嚴正하다"고 하는 것이다. 하늘의 이치는 틀림없다는 말이다.

그렇다고 너무 실망할 것은 없다. 지레 겁먹을 것은 더욱 없고…… 그 아뢰야식을 뜯어고치면 되잖은가? 그렇다. 그 아뢰야식만 뜯어고치면 모든 것이 다 해결된다. 이 세상에서 아무리 악독한 죄업을 지어도 죽어서 천당에 갈 수 있다.

나아가 그 아뢰야식을 숫제 없애버리면 더더욱 모든 것이 다 해결된다. 생사는 물론이요 윤회 자체까지도 없앨 수 있다. 윤회가 없어지니 지옥이니 천당이니 하는 것이 있을 수가 없다. 아니 있는지 없는지 모르지만 나와는 상관이 없다. 이를 삼천대천세계가 무너진다고 하는 것이다.

그러면 아뢰야식을 뜯어고치는 방법은 무엇인가? 설명할 것도 없다. 좋은 버릇, 곧 좋은 습기를 기르는 것이기 때문이다. 좋은 습기만 기르면 다 해결된다. 지금부터라도 말이다.

그러면 아뢰야식을 없애는 방법은 무엇인가? 이것도 간단하다. 위에서 말한 호불호(好不好)의 관념을 없애는 것이다. 좋다 나쁘다는 관념을 없애는 것이다. 곧 희로애락의 관념을 없애는 것이다.

이 관념이 없으니 분별이 없어진다. 무분별無分別이 된다. 나아가 무념무상無念無想, 무심無心의 상태가 된다. 따라서 아뢰야식에 저장될 것이 없고 나아가 아뢰야식 자체도 없어진다. 곧 무명無明이 없어진다. 공에 든 것으로 해탈이라 한다.

따라서 수행의 근본은 이 습기를 닦는 것이다. 습기를 조절해서 바꾸든지 없애는 것이다. 바꾸면 누구든지 선한 세상으로 가고, 없애면 누구든지 윤회를 벗어난다. 곧 죽어서 눈 감고 가도 좋은 곳으로 가고, 나아가 가고 말고 할 것도 없어진다.

그러니 무엇보다 중요한 것은 죄업을 짓지 않는 것이다. 평소 성실하게 사는 것이다. 이 습기 닦기가 결코 만만치 않기 때문이다. 그러나 죄업을 지었다면 벗어나는 길은 이 길밖에 없다.

(욕심세계 머물지만)
욕심세계 머물지만 욕심 내지 아니하고
탐욕세계 머물지만 탐욕 내지 아니하네
가도 그만 와도 그만 한결같은 마음이니
요동치던 마음자리 그 자리서 멈추누나.

사바세계 머물지만 물들지 아니하고
중생세계 머물지만 물들지 아니하네
가도 그만 와도 그만 한결같은 마음이니
사바극락 나뉜 것이 그 자리서 멈추누나.

(안 되어도 그만)
되면 물론 좋지마는 안 되어도 그만이지
지나보면 성패 여부 큰 의미가 없어라.
그렇지만 지금까지 노력하게 하였으니
그만하면 성공이라 더 바라지 아니하네.

돼도 그만 안 돼도 그만 노력함이 중요하지
일체의 성패 여부 관심이 없어라.
그렇지만 지금까지 버텨오게 하였으니
그만하면 성공이라 더 바라지 아니하네.

(뿐이었네)

절망은 없었다네 힘들었을 뿐이었네.

좌절은 없었다네 쓰라렸을 뿐이었네.

고개 들어 하늘 보니 해는 역시 솟아 있고

고개 숙여 땅을 보니 땅은 역시 굳어 있네.

회한은 없었다네 잘못했을 뿐이었네.

후회는 없었다네 뉘우쳤을 뿐이었네.

고개 들어 하늘 보니 해는 역시 솟아 있고

고개 숙여 땅을 보니 땅은 역시 굳어 있네.

말나식과 아뢰야식

이제 조금 이론적으로 설명해 보겠다. 이론이란 대체로 딱딱하니
대충 읽으면 된다.

앞에서 의식, 말나식, 아뢰야식이라 했는데, 여기의 식識은 분별
력을 뜻한다. 우리말로는 "가리새"다. 이것인가 저것인가 가리는,
분별하는 성질이나 모습을 말한다. 사전에는 "일의 조리나 갈피"
라 되어 있다.

따라서 의식意識은 "뜻할 가리새"가 된다. 의意가 "뜻하다, 의도
하다"이고 식識이 "가리새"이기 때문이다.

앞서 호두를 알맹이(속살)와 껍질과 외피로 나누었다. 또 마음도 본질과 형태와 작용으로 나누었다. 그리고는 호두 알맹이를 마음의 본질에, 호두 껍질을 마음의 형태에, 호두 외피를 마음의 작용에 대비시켰다. 이때 호두 외피에 해당되는 것이 마음의 작용으로, 곧 의식이다.

그러면 호두 껍질에 해당되는 것, 곧 마음의 형태를 뭐라고 할까? 이는 말나식末那識이라 한다. 한문으로 사량식思量識이다. 헤아리는 것, 따지는 것이 사량思量이고, 분별하는 것, 가리는 것이 식識이니 사량식은 곧 "따지는 가리새"가 된다.

다음 호두 알맹이에 해당되는 것, 곧 마음의 본질은 아뢰야식阿賴耶識이다. 한문으로는 장식藏識, 본식本識, 이숙식異熟識 등 여러 가지 이름이 있다. 마음속에 숨어 있고 잠겨 있어 잘 드러나지 않는 가리새란 말이다. 따라서 우리말로는 "잠긴 가리새"가 된다.

말나식은 사량식 하나로 통일되어 있으나, 아뢰야식이 이와 같이 여러 가지로 번역되는 것은 그 뜻이 복합적이어서 한마디로 표현하기가 쉽지 않기 때문이다.

한편 의식을 6식六識, 사량식을 7식七識, 장식을 8식八識이라 하기도 한다. 이는 안이비설신眼耳鼻舌身, 곧 보고, 듣고, 냄새 맡고, 맛보고, 피부로 느끼는 다섯 가지를 합쳐서 5식五識이라 하기 때문이다. 이 5식은 6식에 포함된 것으로 보아 특별히 구분하지 않는다.

『대승기신론』에서는 6식, 7식, 8식을 세분하여 아홉 가지로 나누는데 이른바 9상九相이다. 곧 6식을 업계고상業繫苦相·기업상起業相·계명자상計名字相·집취상執取相·상속상相續相의 다섯으로 나누고, 7식을 지상智相 하나로 나누며, 8식을 현상現相·전상轉相·업상業相의 셋으로 나눈다. 그래서 도합 9상이 된다.

*호두와 마음의 비교
　　　　(호두) (마음) 　(한문) 　　(범어) 　　(우리말)
　　　알맹이- 본질- 장식藏識 - 아뢰야식(8식)- 잠긴 가리새
　　　껍질 　- 형태- 사량식思量識- 말나식(7식)- 따짐 가리새
　　　외피 　- 작용- 의식意識 　- 의식(6식)- 뜻할 가리새

*5식五識: 안眼·이耳·비鼻·설舌·신身

*아라야식의 여러 가지 이름: 아라야식阿羅耶識, 아뢰야식阿賴耶識, 아려
　　　야식阿黎耶識, 아리야식阿梨耶識, 나야식羅耶識, 라야식羅耶識, 뢰
　　　야식賴耶識

*아라야식의 여러 가지 한역: 종자식種子識, 이숙식異熟識, 화합식和合識,
　　　무몰식無沒識, 장식藏識, 식장識藏, 본식本識, 진식眞識

*9상九相 아라야식 　-업상業相-업의 모습
　　　　　　　　　　-전상轉相-구르는 모습
　　　　　　　　　　-현상現相-나타나는 모습
　　　말나식- 　　　-지상智相-슬기 모습
　　　의식-- 　　　-상속상相續相----서로 이어지는 모습
　　　　　　　　　　-집취상執取相----달라붙는 모습
　　　　　　　　　　-계명자상計名字相-이름 붙이는 모습
　　　　　　　　　　-기업상起業相----업을 일으키는 모습

　　　　　　　　　　-업계고상業繫苦相-업에 매어 괴로운 모습

2. 마음의 때를 벗겨야

미련 없애기

사람이 죽으면 무조건 가는 것이 좋다. 미련 없이 가는 것이 좋다. 이 세상에서 무엇을 했든 지금 자기가 어떤 처지에 있든 상관없이 말이다.

그러나 그렇지 못하고 중간에서 헤매는 어정쩡한 사람이 있는 것 같다. 흔히 "구천을 헤맨다, 황천을 떠돈다"고 하는 사람들이 그들이다.

물론 윤회의 질서는 엄정해서 시간문제이지 결국 윤회의 쳇바퀴에 휩쓸려 돌겠지만 그 전까지는 그 질서에서 벗어나 헤맨다는 말이다.

이들은 대부분 미련 내지 원한이 많은 사람들이다. 이 세상에 살다보면 미련이나 원한이 없을 수가 없겠냐마는, 게 중에는 특히 심해서 죽어서 윤회의 질서에 들지 못하고 방황하는 것이다.

어린 자식을 두고 일찍 죽은 어머니, 성폭행을 당해 자살한 여성, 불의의 사고로 목숨을 잃은 젊은이 등등이 그들일 것이다.

위에서 사람이 죽으면 6식(의식)은 바로 소멸한다고 했는데 이는 원칙적인 이야기다. 이들의 6식은 뭉쳐져서 쉽게 소멸되지 않는다. 흔히 이를 원귀寃鬼, 귀신鬼神이라 하는 것 같은데, 이조 남효온南孝溫 선생은 신神은 신伸, 곧 풀어진 것이고, 귀신鬼神은 응결凝結, 곧 뭉쳐진 것이라 했다.

그러나 이 원한도 결국은 풀어져 소멸된다. 윤회의 질서에 어긋났기 때문이다. 결국 6식이 해소되고 7식, 8식이 드러나 윤회 질서에 들어간다는 말이다. 그 전까지는 이런저런 방법으로 사람을 괴롭히기도 하고 힘들게도 한다는 말이다.

그 해소 방법은 문화마다 종교마다 다른 것 같다. 우리 고유의 해소법은 "굿"이 아닌가 한다. 물론 예수교도 나름대로 해소법이 있을 것이다. 그리고 불교에서는 천도재薦度齋, 사십구재四十九齋, 생전예수재生前預修齋 등이 이에 해당되는 것 같다.

천도재는 죽은 사람이 좋은 곳으로 가기를 축원하는 행사이고, 사십구재는 죽은 사람을 49일 동안 교화시켜 좋은 곳으로 가게 하는 행사이며, 생전예수재는 내가 생전에 지은 잘못을 살아생전에 직접 풀어버리는 행사이다.

그러나 무엇보다 중요한 것은 원한이 생기지 않게 하는 것이다. 남에게 원한이 생기지 않게 함을 물론이고, 내 스스로도 원한을 가져서는 안 된다.

남에게 잘못한 일이 있으면 반드시 용서를 구해서 그 원한을 풀고, 자기에게 원한이 있으면 평소 꾸준히 노력해서 죽을 때는 반드시 풀고 가야 한다. 남에게든 나에게든 원한이 있으면 마음을 닦을 수가 없고 좋은 곳으로 갈 수도 없다.

인생살이는 누구나 만만치 않다. 이는 공자孔子나 퇴계退溪 같은 성인도 마찬가지다. 문제는 그것을 어떻게 생각하느냐이다.

역경으로 말하면 중국의 공자를 따라갈 사람도 드물다. 춘추전국이라는 난세에 가난한 집안에 태어나 고군분투했다. 학문을 펴겠다고 평생을 유랑했으나 당시에는 알아주는 사람이 없었다. 거기다 아버지는 세 살 때 죽고, 아들도 자기보다 먼저 죽었으며, 아끼는 제자 안회顏回와 자로子路도 자기보다 먼저 죽었다.

이는 사람으로서 겪을 일이 아니다. 그래서 그는 "역경逆境은 천복天福이다"라고 했다. 그 어려운 고난이 하늘이 준 복이라는 말이다.

퇴계 이황 선생 역시 생활이 만만치 않았다. 그의 자명自銘이란 시를 읽어 보면 가슴이 찡할 때가 있다. 이 시는 선생이 돌아가시기 얼마 전에 지은 시인데, 그 속에 "근심 속에 즐거움이 있고, 즐거움 속에 근심이 있다"라는 말이 있다.

흔히 좋을 때는 좋은 것만 보고 나쁠 때는 나쁜 것만 보아 일희일비一喜一悲 하는데, 퇴계 선생은 좋은 것에서도 나쁜 것을 보고, 나쁜 곳에서도 좋은 것을 보아 일희일비 하지 않았다. 그래서 성인이라 하는지도 모른다.

요즘에는 조금만 어려우면 사니 못 사니 하는데, 물론 나름대로 이유가 있겠지만, 너무 나약한 것 같다.

(역경)

역경은 천복이요 질병은 양념이라

내 구태여 떨치려고 애쓰지 아니하네.

그 자체가 스승이고 그 자체가 은인인걸.

고즈넉이 받아들여 노력하며 나아가네.

이 괴로움 누가 줬나 내가 지은 것이로군.

이 불안감 누가 줬나 내가 지은 것이로군.

이 모두가 내가 짓고 내가 만든 것이로군.

내 기꺼이 받아들여 닦고 또 닦으리라.

(퇴계 자명 일부)

높은 산 우뚝 솟고 물 졸졸 흐르는 곳

옛 고향 돌아와서 모든 비방 떨쳤네.

마음속 이 정겨움 저들이 막았으니

지금 나의 이 멋을 뉘와 함께 나눌까?

내 고요히 앉아서 옛사람 생각하니

옛사람이 일찍이 내 마음 얻었었고

다음 사람 마땅히 내 마음 얻겠구나.

근심 속에 즐거움이 즐거움 속에 근심이

조화 타고 사라짐 그 무엇을 또 구하랴.

有山巉巉 有水源源 婆娑初服 脫略衆訕
我懷伊阻 我佩誰玩 我思古人 實獲我心
寧知來世 不獲今兮 憂中有樂 樂中有憂
乘化歸盡 復何求兮

10악

죽으면 늦기 때문에 죽기 전에 해결해야 한다. 살아생전 선업善業
을 쌓아야 한다.

물론 그렇게 했다면 신경 쓸 것 없겠지만, 인생살이에서 그렇게
살 수만은 없잖은가? 자식 키우며 먹고사느라 해서는 안 될 일도
했을 것이고 때로는 몹쓸 짓도 했을 것이다. 알게 모르게 말이다.

거기다 악업惡業을 지었다면 염라대왕, 열 대왕은 물론이요 그
피해자가 내가 죽기를 학수고대하고 있을 터이니 죽기만 하면 난
리가 난다. 따라서 반드시 살아서 갈 곳을 정해놓고 가야 한다. 그
래야 대지팡이 하나 들고 콧노래 부르며 갈 수 있다.

그렇다면 어떻게 해야 하는가? 아주 쉽다. 착하게 살면 된다, 정
직하게 살면 된다, 성실하게 살면 된다. 나아가 더불어 살면 된다,
베풀며 살면 된다. 곧 몸조심하고 말조심하고 너무 욕심내지 않으

면 된다. 뭐 이야기할 것도 없다. 삼척동자도 다 아는 이야기니.

너무 쉽고 싱거워서 불교에서는 이를 제법 문자 써서 근엄하게 표현했다. 이른바 8정도, 6바라밀, 10선 같은 것이 그것이다. 모두 바른 마음을 가지고, 바르게 행동하며, 베풀며 살라는 것이다.

구태여 말한다면 8정도는 마음의 본질에, 6바라밀은 마음의 형태에, 10선은 마음의 작용에 해당한다 할 것이다.

8정도八正道는 정견(正見; 바르게 보기), 정사유(正思惟; 바르게 생각하기), 정어(正語; 바르게 말하기), 정업(正業; 바른 업 짓기) 등 온통 바른 것뿐이다. 따라서 바르게 살기만 하면 8정도를 다 닦는 셈이 된다.

6바라밀六波羅密은 일상생활을 하며 도를 닦는 것이다. 곧 보시(布施; 베풀기), 지계(持戒; 계율 지키기), 인욕(忍辱; 참아내기), 정진(精進; 노력하기) 등이다.

문제는 나쁜 짓 안 하기다. 여기에는 신3구4身三口四, 3독三毒 등 모두 10가지가 있는데, 이를 10악十惡이라 한다. 이 반대가 10선十善이니 결국 10악과 10선은 같은 말이다.

10악을 이렇게 세분해서 설명하고 또 독하다는 말까지 쓴 것은 다스리기가 그만큼 어렵고 힘들기 때문이다. 이것만 다스리면 성인의 반열에 든다.

신3身三은 몸이 짓는 세 가지 악이니 살생·도둑질(투도)·음란(사음)이고, 구4口四는 입이 짓는 네 가지 악이니 거짓말하기(망어)·교묘하게 말하기(기어)·험담하기(악구)·이간질하기(양설)이다.

또 3독三毒은 마음이 짓는 세 가지 독한 것이니 곧 탐욕·성냄·어리석음으로 간단히 탐진치貪瞋癡라고 한다. 우리가 중요시하는 권력, 명예, 재물, 색욕 등은 모두 탐욕에 들어간다.

---

*8정도八正道: 정견正見, 정사유正思惟, 정어正語, 정업正業, 정명正命, 정정진正精進, 정념正念, 정정正定.

*6바라밀六波羅密: 보시布施, 지계持戒, 인욕忍辱, 정진精進, 선정禪定, 지혜智慧.

*10악十惡: 7악七惡 곧 신3구4身三口四에 3독三毒을 더한 것. 반대는 10선十善. 신3身三은 몸으로 짓는 것 셋, 구4口四는 과 입으로 짓는 것 넷, 3독은 탐진치貪瞋癡를 말함.
　-신3身三 : 살생殺生, 투도偸盗, 사음邪淫.
　-구4口四 : 망어妄語, 기어綺語, 악구惡口, 양설兩舌.
　-3독三毒 : 탐진치貪瞋癡. 탐욕(貪慾; 게염), 진에(瞋恚; 성냄), 우치(愚癡; 어리석음).

말은 비수다

말은 비수匕首다. 가슴에 스치는 말은 사람의 뼛속까지 파고든다. 말은 시간이 흘러도 사라지지 않고 오히려 더 자라서 원한으로 변한다. 따라서 말은 삼가고 또 삼가서 극히 조심해야 한다.

부모 자식 간이라도 말은 비수가 될 수 있다. 비록 부모라도 자식에게 한 잘못된 말은 반드시 사과해서 풀어야 하고, 자식이라도 부모에게 한 잘못된 말은 반드시 사과해서 풀어야 한다. 적당히 얼버무리면 사라지는 것이 아니라 오히려 앙금이 되어 가슴 속에 가라앉아 굳어진다.

형제간은 말할 것도 없다. 형이라 해서 동생에게 함부로 말하고, 동생이라 해서 형에게 함부로 말하면 곧바로 원수가 될 수 있다. 결혼해서 각자 산다면 더욱 그렇다. 형제지간도 잘못된 말은 반드시 사과해서 풀어야 한다.

그래서 옛 성현은 "가까울수록 예의를 지켜라"고 했다. 가까울수록 서로 존중해야 한다.

흔히 남을 흉보고 험담한다. 그러나 이는 자기 자신을 흉보는 것이고 자기 자신을 험담하는 것이며, 나아가 자기 자식이나 자기 후손을 흉보고 험담하는 것이다. 자기 스스로나 자기 자식, 자기 후손이 똑같은 말을 듣거나 똑같은 일을 당해야 그 업이 소멸되기 때문이다.

역사적으로도 말은 소멸되지 않는다. 사람은 죽어서 땅속에 묻혔어도 그 사람이 한 말은 사라지지 않고 두고두고 입에 오르내린다.

좋은 말이라면 얼마나 좋겠냐마는 그렇지 못한 말이라면 무덤 속에서도 귀가 간지럽고 놀림을 당할 것이다. 말은 이와 같이 대물림하니 여간 조심하지 않으면 안 된다.

성현들의 말씀을 들어보면 항상 부드럽고 조용하다. 이는 구업口
業이 얼마나 무서운가를 잘 알았기 때문이라 생각된다.

(말은 업)

말은 곧 업이라 부드러운 게 좋지.

말은 곧 비수라 안 하는 게 좋지.

한두 개는 참아서 속으로 삭여야지.

그래야 그게 녹아 복이 되고 덕이 되지.

말이 화를 못 푸는데 다 말할 것 무엇 있고

화가 속을 못 푸는데 다 화낼 것 무엇 있나

한두 개는 참아서 속으로 삭여야지.

그래야 그게 녹아 복이 되고 덕이 되지.

(수행 하나)

말 한마디 참았으니 수행 하나 닦았고요.

성냄 하나 참았으니 수행 두 개 닦았네요.

남보다는 못했지만 나름대로 잘했네요.

이러다보면 잘 하겠죠 서두르지 않습니다.

내가 먼저 웃었으니 수행 하나 닦았고요.

내가 먼저 말했으니 수행 두 개 닦았네요.

큰 수행은 아니지만 나름대로 잘했네요.

이러다보면 잘 하겠죠 서두르지 않습니다.

말은 듣는 사람도 좋게 받아들여야 한다. 긍정적으로 받아들여야 한다. 내 입장에서가 아니라 상대방 입장에서 받아들여야 한다. 말을 곡해하거나 오해하는 것도 업이다.

말의 표현법은 사람마다 차이가 있으며, 뜻도 장소마다 분위기마다 다르다. "쑥떡같이 말해도 찰떡같이 알아들어라"는 옛말도 기억할 일이다.

또 살다 보면 뜻하지 않게 욕설을 듣고 비난을 들을 때도 있다. 물론 들을 일을 해서 듣는다면 할 말 없겠지만 그렇지 않은 경우는 여간 서운한 것이 아니다.

이는 사람들이 말이 얼마나 무서운 줄을 모르고 함부로 말하기 때문이다. 더욱이 요새는 극적인 말을 좋아해서 한마디 말로 상대를 제압하고 궁지에 몰아넣곤 한다. 이 모두가 업임을 모르고 하는 행동이다.

따라서 내가 혹 그런 말을 들었다면 가슴에 새겨둘 것 없이 내 스스로 풀어야 한다. 나아가 그런 말을 들었다면 "내가 지은 덕이 없어 이런 말을 듣는구나", 또는 "과거 내가 지은 업을 이제 푸는구나", "저 사람이 내가 지은 구업口業을 벗겨 주는구나"라고 생각해야 한다. 이래야 그 말이 내 가슴속에 남지 않는다. 좋지 않은 말을 가슴에 새겨둘 필요가 있겠는가?

(스승 만남)

싫은 소리 들었으니 스승 한 분 만났고요

싫은 모습 받았으니 스승 두 분 만났네요.

비방이 설법이고 악담이 법문이라

그슬리며 들리는 말 기울이며 음미하네.

싫은 소리 들었으니 업을 하나 벗었고요

싫은 모습 받았으니 업을 두 개 벗었네요.

오늘 문득 비방 악담 한꺼번에 다 들으니

묵고 묵은 죄업을 한꺼번에 벗겠구나.

음란은 모든 죄의 근본이다

색욕色慾은 본능이다. 구태여 부정할 필요는 없다. 나쁜 짓이 아니기 때문이다.

따라서 여기서 말하는 음란淫亂은 이런 정상적인 것을 말하는 것이 아니고 비정상적인 것, 예를 들어 남의 가정을 깨는 불륜행위, 자녀까지 팽개치는 불륜행위, 사회적으로 용인될 수 없는 이상한 행위 등을 말한다.

사람이 먹고살 만하면 바로 생각나는 것이 남녀관계이고 거기다 이상한 생각들이다. 사람도 동물인 이상 이런 생각을 안 할 수는 없다. 문제는 이런 생각을 행동으로 옮기느냐 않느냐 이다.

이런 생각을 참고 웃어넘기면 정상적인 생활 수행자이고 삼선도로 갈 수 있는 당당한 사람이며, 그렇지 못하고 행동으로 옮기는 사람은 비정상적인 소인배이고 삼악도로 갈 수 있는 아주 위험한 사람이다.

음란은 수행자라면 반드시 통과해야 할 최후의 관문이고, 사람을 평가하는 최후의 시험대이다. 아무리 명망 있는 사람이라도, 특히 종교인이라도 남녀 문제에 걸리면 그 사람은 거짓말쟁이고 사기꾼이다. 더 이상 볼 것이 없다.

그래서 불경佛經에는 "음란죄는 아주 중해서 모든 죄의 근본이다(婬戒爲重 犯罪根本)"라고 했다. 이 음란은 삼독三毒 중 탐貪에 속한다.

(음란 마음)

음란 마음 내지 마오 그것은 독이라오.

그 독이 나를 먹고 가족까지 먹는다오.

그 독을 따르나요 일도양단 자르시오.

명색이 대장분데 그걸 하나 못 자르오.

음란은 광풍이요 미친 듯이 지나가오.

지나가면 남는 것은 많고 많은 회환들뿐.

그 광풍을 따르나요 일도양단 자르시오.

명색이 대장분데 그걸 하나 못 자르오.

3. 생활이 수행이다

일상생활이 도道다

흔히 수행이라 하면 거창하게 생각해서 나와는 상관없는 것으로
여기는데 그렇지 않다. 또 절간이나 산속에서 조용히 생활하는 것
으로만 생각하는데 이것도 그렇지 않다. 생활 자체가 수행이다.

곧 먹고 일하고 잠자는 그 일체가 수행이다. 불교식으로 말하면
행주좌와行住坐臥, 곧 가고 머물고 앉고 눕는 그 일체가 수행이다.

이처럼 모든 것이 수행이라 생각하고 생활하다 보면 자기도 모
르게 좋은 습기習氣가 쌓여 천당에도 갈 수 있고, 공에도 들 수 있
다. 적어도 천당에 갈, 공空에 들, 부처(佛)가 될 밑천거리는 장만할
수 있다.

그러기 위해서는 항상 감사하고 긍정해야 한다. 지금 살아 있음
에 감사해야 하고, 어려움에 감사해야 한다. 죽으면 더 닦을 겨를도
없이 윤회가 시작되기 때문이고, 어려움은 나의 교만을 꺾고 내가

지은 업을 벗는 좋은 기회이기 때문이다.

그래도 평화로운 시대에, 먹고살 만한 나라에, 다소라도 말이 통하는 사람들과 어울려 산다는 것은 과거 한량없는 복을 지어 지금 천복을 받은 것이다. 여기서도 복을 지어야 다음 생애에도 이런 복을 받는다.

(명당)

명당이 어디 있나 사방천지 명당인데
스승이 어디 있나 사방천지 스승인데
하늘땅을 명당 삼고 모든 사람 스승 삼아
넓고 넓은 명당에서 큰 깨침을 이루리라.

명당이 어디 있나 앉은 이곳 명당인데
스승이 어디 있나 만난 이 분 스승인데
하늘땅을 명당 삼고 모든 사람 스승 삼아
천하제일 명당에서 천하 도를 이루리라.

일체가 명당이고 일체가 스승이라
일체가 불법계고 일체가 연화계라
분별하지 아니하고 이 자리서 도를 닦네.
천하제일 명당에서 부처 도를 닦는구나.

(눈뜬 것을)

오늘 아침 눈 뜬 것을 두 손 모아 감사하고
맑은 공기 들이켠 걸 두 손 모아 감사하네.
여러 사람 모습 본 걸 두 손 모아 감사하고
아는 사람 만나 본 걸 두 손 모아 감사하네.

오늘 아침 들은 것을 두 손 모아 감사하고
맑은 소리 들은 것을 두 손 모아 감사하네.
여러 소리 들은 것을 두 손 모아 감사하고
아는 소리 들은 것을 두 손 모아 감사하네.

인연은 소중하다

이 세상에서 인연因緣만큼 소중한 것은 없다. 인간관계 말이다. 그런데도 사람들은 부모 자식 간에, 형제 간에, 이웃 간에 싸운다. 심지어 자기와 아무 관계 없는 사람들을 질시하고 증오하며 아무나 해치고 죽이기까지 한다.

이 인간 세상이 얼마나 아름답고 복된 곳인지를 모르기 때문이고, 삼악도가 얼마나 무서운 곳인지를 모르기 때문이다.

삼악도는 그야말로 소름 끼치는 곳이다. 축생계만 되어도 제 몸 하나 건사하기 힘들어 남을 돌볼 겨를이 없다. 산속 뱀이나 그 먹이가 되는 쥐를 생각해 보면 안다. 이것이 축생계다.

그래도 인간 세상쯤 되니 남을 돌볼 여유가 있다. 힘이 조금 세다고 남을 함부로 학대하는 사람만큼 어리석은 사람도 드물고, 세상살이가 조금 힘들다고 자기 몸을 함부로 다루는 사람만큼 어리석은 사람도 드물다. 이들은 인과법을 전혀 모르는 사람들이다.

(같은 사람)
같은 사람 사는 세상 거리낄 것 무엇 있고
같은 길을 가는 인생 어려울 것 무엇 있나.
따져보면 그들 또한 나와 같이 허무한 것
다가가고 다가오며 어울리며 살면 되지.

내 갈 길 내 가는데 둘러볼 것 무엇 있고
내 걸음 내 딛는데 눈치 볼 것 무엇 있나.
본디부터 나 있는 길 누구든지 가면 되지
기운차게 일어나서 휘적휘적 나아가네.

(인욕)
사람이 싫은가요 죽이고 싶은가요
그래도 참으시오 못 참으면 지옥이오.
그곳에는 사람 없어 몸이 타도 오지 않소

소리치면 사람 오는 이 세상이 극락이오.

세상이 싫은가요 망치고 싶은가요
그래도 참으시오 못 참으면 지옥이오.
그곳에는 사람 없어 몸이 타도 오지 않소
소리치면 사람 오는 이 세상이 극락이오.

(악행)
승리세계 시빗거리 없을 수야 없겠지만
나 혼자만 잘 살겠다 남의 가슴 치지 마소
그 업이 장대못 되어 나를 치고 자식 치어
뒤늦게 후회한들 때는 이미 늦는다오.

사람으로 태어나서 갖은 악행 하는 이야
지금 힘 좀 쓴다 해서 어찌 그리 괴롭히오.
그 업이 앞을 막아 다음 생앤 삼악도니
한 생애를 시달려야 벗어날 수 있다오.

이 세상 잠시 왔다 불현듯 가는 건데
몇 천 년을 살겠다고 그리그리 괴롭히오.
하는 일 마다마다 온갖 악행 다 지으니

어느 결에 덕을 닦아 좋은 세상 가시겠소.

태어난 건 어제이나 고개 들면 죽음 문턱
머리에 불을 인 듯 한시가 급하오니
하는 일 마다마다 좋은 일을 지어서는
도와주고 보살펴서 다음 생애 대비하소.

가끔 부모를 원망하는 경우가 있다. 물론 있을 수 있다. 어쩌면 의외로 많을 수도 있다.

그럼 부모를 원망한다고 해서 그 인연이 끝나고, 다음 생애에 더 좋은 부모를 만날 수 있을까? 자신하지 못한다.

왜냐? 은인이 원수이고 원수가 은인이기 때문이다. 사실 부모 형제 이외의 남은 나와는 아무 상관이 없다. 그들과는 은인이니 원수니 하는 말을 쓸 필요조차도 없다.

그렇지만 부모형제는 좋든 싫든 인연이 있어 만난 것이다. 따라서 이들은 은인이 아니면 원수가 되기 쉽다. "원수를 사랑하라"고 가르친 예수도 사실은 가장 가까운 이가 원수임을 말한 것이다.

어쨌든 부모를 원망하고 부정하는 것보다는 차라리 이해하고 인정하는 것이 낫다. 부정할 수도 없지만 말이다. 다음 생애에 다시 만나건 만나지 않건 상관없이 말이다. 적어도 지금의 나를 있게 했으니 말이다.

잘 생각해보면 우리 부모에게도 한두 가지 고마운 점은 있을 것이다. 한두 가지 잘한 점은 있을 것이다. 그러면 그 점을 자꾸 되새기는 것이다. 나쁜 점은 자꾸 없애고 말이다. 그러다 보면 이해하게 되고 긍정하게 되며 나아가 존경하게 된다.

(우리 엄마)
가르마 탄 우리 엄마 여러 남매 두시었네.
작은 뱃속 채워 주려 체면마저 버리셨네.
우리 엄마 왜 저럴까 원망원망 했었는데
이제 와서 생각하니 위대하고 장하셨네.

고운 얼굴 우리 엄마 여러 남매 두시었네.
작은 뱃속 채워 주려 분 한 번도 못 발랐네.
우리 엄마 왜 저럴까 원망원망 했었는데
이제 와서 생각하니 위대하고 장하셨네.

(어머니 의탁)
업 많은 이내 몸이 어머니 몸 의탁했네.
병 많고 성질 나빠 갖은 고생 다 시켰네.
그런데도 부족하여 원망원망 했었네.
이제 와서 뉘우치오 위대하신 어머니.

오고갈 곳 없는 몸을 어머니가 받으셨네.

안고 씻고 닦으면서 묵은 업을 닦게 했네.

그런데도 부족하여 원망원망 했었네.

이제 와서 뉘우치오 위대하신 어머니.

형제끼리 사이가 안 좋아 다투는 예는 의외로 많다. 부모가 재산이 좀 있는 경우는 더더욱 그렇다. 이것 역시 형제가 은인이자 원수라는 사실을 모르기 때문이다. 형제도 인연이 다하면 곧바로 헤어진다.

흔히 인간은 자기가 대단한 존재라 생각한다. 자기가 축생의 단계를 간신히 벗어난 존재임을 모르기 때문이다.

형제끼리 다투는 것은 한 둥지에서 서로 많이 먹으려고 다투는 새 새끼와 다를 바 없고, 자기 혼자 독식하려고 동생을 밀쳐내 떨어뜨려 죽이는 매 새끼와 다를 바 없다.

인간성과 형제애를 키우는 곳도 형제들 사이이고, 시기심과 경쟁심을 키우는 곳도 형제들 사이이다. 이 중 어느 것을 택할지는 오직 자기 결정에 달렸다. 인간의 탈을 썼으니 인간다운 행동을 할런지, 아니면 인간의 탈을 쓰고 짐승의 법칙을 따를지 말이다.

어쨌든 형제간은 정말 조심스러우니 행동도 고와야 하고 말도 고와야 한다.

(인연 공덕)

무얼 그리 좋아하고 무얼 그리 싫어하나

인연이 다하면은 있으래도 가게 되고

인연이 남으면은 가라 해도 있는 것을

가라오라 하지 말고 지금 인연 중히 하소.

가까운 이 원수이고 원수가 은인이라

일체의 말과 행동 독약이고 깨침이니

은인을 사랑하라 원수 될까 두려우니

원수를 사랑하라 은인 될까 두려우니.

(부족함이 스승)

몸이 다소 불편하니 교만 끊기 딱히 좋고

생활 다소 궁핍하니 조신하기 딱히 좋네.

이 모두가 다 찼으면 기고만장 했으리라

다행히도 부족하여 지나침을 막는구나.

남편(아내) 다소 부족하니 교만 끊기 딱히 좋고

자식 다소 부족하니 조신하기 딱히 좋네.

이 모두가 다 찼으면 기고만장 했으리라

다행히도 부족하여 지나침을 막는구나.

(웃고 마소)

서운섭섭 하시나요 원한분한 하시나요
벗어나기 힘드나요 내가 지은 인연이요.
밉고 미운 인연도 달리 보면 고마운 것
이 세상엔 그보다도 못한 인연 많습니다.

서운섭섭 하시나요 한 번 웃고 마십시오.
원한분한 하시나요 두 번 웃고 마십시오.
밉고 미운 인연도 달리 보면 고마운 것
이 세상엔 그보다도 못한 인연 많습니다.

서운섭섭 하거들랑 웃음으로 때려주고
원한분한 하거들랑 사랑으로 때려주오.
밉고 미운 인연도 달리 보면 고마운 것
이 세상엔 그보다도 못한 인연 많습니다.

모두가 스승이다

생각해 보면 지금 이 세상에서 함께 살아가는 사람 모두가 기적 같
은 사람들이다. 모두 지난 날 한량없는 덕을 쌓아, 이 시대 이 세상
에 함께 태어나서, 나와 좋은 인연을 맺은 사람들이다. 그 덕에 내

가 비교적 행복하게 살아가는 것이다.

가뭄이나 홍수 같은 천재지변이 횡행하는 시대에, 거기다 전쟁까지 휩싸인 시대에 태어났더라면 모두 원수가 되고 적이 되어 서로 죽이고 살리고 했을 것이다. 또 아프리카 같은 가난한 나라에 태어났더라도 끔찍했을 것이다.

따라서 이 세상사람 모두가 은인이다. 지금 내가 먹고 사는 것도 모두 이분들 덕택이다. 항상 감사하고 고마워하지 않을 수 없다. 다소 시빗거리가 있더라도 말이다.

세상사람 모두가 스승이다. 좋은 사람은 좋은 스승이고 나쁜 사람은 나쁜 스승이다. 좋은 사람에게는 좋은 것을 배우고, 나쁜 사람에게는 나쁜 것을 배우지 않으면 된다.

흔히 어떤 특별한 선지식善知識을 찾는데 이는 잘못이다. 세상사람 모두가 선지식이기 때문이다. 내가 선지식 수준에 이르면 다른 사람이 하는 말 한마디 한마디가 모두 선지식으로 들리나, 내가 그 수준에 이르지 못하면 상대가 아무리 진리를 이야기해도 내가 알아듣지 못한다. 마치 개나 소에게 법문을 하는 것과 같다.

부처도 찾을 필요가 없다. 모두가 부처이기 때문이다. 역시 내가 부처 수준에 이르면 모두가 부처로 보이나, 그렇지 못하면 모두 중생으로 보인다. 설혹 석가모니 부처가 옆에 있어도 알아보지 못한다. 마치 눈먼 사람 앞에 부처가 서 있는 것과 같다.

옛말에 "우리 집 옆에 공자라는 사람이 산다오."라는 말이 있다.

어떤 사람이 공자를 찾으니 공자가 누구인지도 모르는 옆집 사람이 이렇게 답한 것이다. 곧 성인이 옆에 있어도 알아보지 못한다는 말이다. 그러니 그 사람이 하는 말을 알아들을 수가 있겠는가?

따라서 세상사람 모두를 은인으로 생각하고, 세상사람 모두를 스승으로 생각하며 살아야 한다.

(감사)
이제까지 살아온 게 내 덕인 줄 알았더니
세상사람 모두 모두 음양으로 도운 덕분
오늘 문득 생각하니 고맙고도 고마워서
마음 깊이 감사하며 두 손 모아 절합니다.

덕을 준 분 감사하오 나를 돋아 주셨으니
해를 준 분 감사하오 나를 채찍 하셨으니
이 모두가 나를 도운 은인이고 스승이네
마음 깊이 감사하며 두 손 모아 절합니다.

(온갖 사람)
눈빛으로 만난 사람 두 손 모아 감사하오.
옷깃으로 만난 사람 두 손 모아 감사하오.
나를 있게 하셨으며 나를 닦게 하셨으니

복 되시고 덕 되시어 좋은 생애 누리소서.

사랑으로 만난 사람 두 손 모아 감사하오.
미움으로 만난 사람 두 손 모아 감사하오.
나를 있게 하셨으며 나를 닦게 하셨으니
복 되시고 덕 되시어 좋은 생애 누리소서.

(모두가 스승)
예쁜 사람 만났으니 예쁜 스승 만났고요
추한 사람 만났으니 추한 스승 만났네요.
잘난 사람 잘난 스승 못난 사람 못난 스승
세상사람 모두를 스승 삼고 삽니다.

고운 사람 만났으니 고운 스승 만났고요
미운 사람 만났으니 미운 스승 만났네요.
잘난 사람 잘난 스승 못난 사람 못난 스승
세상사람 모두를 스승 삼고 삽니다.

병도 스승이다

사대화합으로 이루어진 몸이 언제나 온전할 수만은 없다. 이런저런 사유로 해서 탈이 나고 어긋나기도 한다. 이것이 병이다. 병을 당연히 고쳐야 한다. 두 말할 필요가 없다.

그러나 병도 생명체다. 나도 먹고 살아야 하지만 병도 먹고 살아야 한다. 그 와중에 서로 상충해서 내가 이기기도 하고 내가 지기도 한다.

말할 것도 없이 내가 이기면 병이 낫는 것이고, 내가 지면 죽는 것이다. 병이 오면 이렇게 말해 보자.

"병아, 언젠가 한번은 처음이자 마지막으로 내가 너에게 지겠지만 아직은 아니야. 아직 할 일이 남아 있거든. 그러니 그쯤 알고 그만 물러가줘. 가는 김에 수행을 조금 도와주고 가고."

그러면서 몸을 조신해서 병을 극복해야 한다.

죽음에 즈음해서 병에 질 때도 너무 서운해할 것 없다. 계속 이겨 왔다면 마지막 한 번은 져줘야 하니까. 생로병사生老病死의 질서가 엄하기 때문이고, 석가모니 부처도 이 질서를 따랐기 때문이다. 그동안 나는 내 몸을 잘 관리하고 보존하면 된다.

(생로병사)
생로병사 도는 고통 부처님도 겪었는데

무명 따라 도는 중생 어찌 아니 겪겠는가.
이 고통 무엇이요 원효대사 이르시길
삼계는 유심이요 만법은 유식이라
지수화풍 이뤄진 몸 흩어지기 마련이고
흩어짐이 고통이나 두려움은 없습니다.

(병)
사대화합 어긋난 걸 병이라고 한답니다.
병이 만약 오거들랑 죽자 살자 쫓지 말고
더불고 어울려서 이해하고 상의하소.
갈 만하면 갈 것이고 있을 테면 있을 거니

부처님도 몸을 받고 생로병사 겪었는데
우리 같은 중생이야 말할 것이 뭐 있겠소.
생로병사 엄한 진리 이름 분명 올렸으니
제 몫 분명 하겠단데 무얼 그리 안달이오.

어쩌면 병病은 스승일지도 모른다. 나의 교만을 쫓고 진리를 탐구케 하는. 그 좋은 예가 중국 선종 3조三祖인 승찬僧璨이다.

승찬은 원래 문둥병 환자였다. 젊을 때부터 문둥병 환자에다 거지였으니 누가 그에게 말 한마디나 제대로 걸었겠는가? 평생 얻어먹으며 혼자 살았다. 그러다 마흔이 될 즈음 중대한 결심을 했다.

"이렇게 살 바에야 차라리 내가 왜 이런 업을 지고 태어났는지 한 번 알아보고 죽자."

그러고는 당시 고승 곧 2조二祖인 혜가慧可를 찾아갔다. 그리고는 물었다.

"내가 전생에 무슨 업이 많아 이 모양입니까?"

혜가는 중년 남자의 처참한 모습을 물끄러미 바라보았다. 대답이 없자 승찬이 또 물었다.

"제 업을 고쳐 주십시오."

"고쳐 주지, 그 업을 가져오너라."

"예 알았습니다."

이내 승찬은 방을 나와 업을 찾기 시작했다. 수십 년간 자기 가슴 속에 쌓이고 쌓인 그 많고 많은 업 말이다. 그러나 밤새껏 찾았으나 도무지 업을 찾을 수가 없었다. 하나도 말이다. 그 많던 업이 정작 찾으려고 하니 하나도 없었다. 이튿날 하는 수 없이 빈손으로 혜가에게 갔다. 혜가가 물었다.

"그래 업을 가져왔느냐?"

"아무리 찾아도 업이 없습니다."

그제야 혜가가 말했다.

"본디 업은 없는 것이다. 없는데도 너는 이제까지 있다고 생각한 것뿐이다. 그 업도 본질은 공이다."

그러면서 법을 전해주고 자기 뒤를 잇게 했다. 곧 3조三祖로 삼았다.

여기서 중요한 것은 승찬은 업業을 원망했지 부모父母를 원망하지 않았다는 점이다. "왜 나를 이렇게 낳았을까?" 하지 않았다는 말이다. 또한 자기를 멸시한 사회도 원망하지 않았다는 것이다. 오직 업만을 생각한 것이다. 내 업이 무엇인가 하고, 곧 내 탓으로 돌린 것이다.

만약 승찬이 부모를 원망했다면 그는 더 이상 발전하지 못하고 문둥병 환자로서 끝났을 것이다. 사회를 원망했어도 마찬가지다. 사회를 증오하는 한갓 거지로 생을 마감했을 것이다.

그러나 부모를 뛰어넘어, 사회를 뛰어넘어 업을 생각했기 때문에 당시 최고 고승인 혜가를 찾아가 설법을 들을 수 있었던 것이다.

사실 승찬은 혜가를 찾아가기 전 이미 자기 죄업을 다 벗었고, 자기 수행을 다 마친 사람이다. 그가 전생에 무슨 죄업을 지었는지 모르지만 문둥병환자로 중년이 되었다면 전생의 죄업을 다 벗었다고 봐야 한다. 어떤 대가가 이보다 더 크겠는가?

또 그는 평행 수행한 사람이다. 화두는 물론 문둥병, 나아가 업이다. "내 병이 무엇인가? 내 업이 무엇인가?" 이것을 화두로 평생 고

민했다. 단지 그것이 수행임을 자기 스스로 모른 것뿐이었다.

혜가는 그것을 알아봤다. 그리고는 그 병도, 업도, 나아가 그 원망도 공空임을 이야기해서 깨치게 한 것이다. 마지막 눈을 틔어준 것이다.

구태여 말한다면 승찬은 병으로 인해 큰 깨침을 얻었으니 병각病覺이라 할 수 있다. 곧 병도 스승이라는 말이다.

(질병 고통)
천 번을 죽어야만 생사고를 넘는다면
내 기꺼이 천 번 죽을 고통을 겪으리라.
그렇지만 너에게 굴복하지 아니하니
그쯤 알고 은혜 펴서 해탈을 도우거라.

천병이라 해도 좋고 업병이라 해도 좋다
그 어떤 병이든지 나를 어찌 못하나니
내 비록 고통 받으나 굴복하지 아니하니
본디부터 무심으로 무장했기 때문이라.

그러나 가끔 들어보면 과거 자기 업으로 인해 병을 얻어 괴로워할 때도 있고, 또 자기 선조의 업으로 인해 병을 얻어 괴로워할 때도 있다고 한다. 이른바 업병業病이다.

물론 이는 일체 모든 것이 공임을 깨치지 못한 것이고, 자기가 그 경지에 이르지 못한 것이다. 마치 승찬이 깨치기 전까지 괴로워한 것처럼 말이다.

이때 이를 자기 힘으로 극복할 수 있다면 다행이지만 그렇지 못한 경우에는 자기가 믿는 종교나 절대자에 의지해서 노력해보는 것도 한 가지 방법이 될 것이다. 마치 승찬이 혜가를 만나 업병을 고친 것처럼 말이다. 그는 나중에 문둥병까지 고쳤다.

곧 병을 고치겠다는 확고한 신념을 가지고 종교나 교주에 의지하면 더욱 효과가 있지 않나 생각되는 것이다.

(부처님 가피)
전생에 지은 업이 하늘보다 높다 해도
내 부처님 가피 입어 기필코 벗으리라.
묵고 묵은 때가 끼어 정갈하진 못하지만
그래도 참회하며 부처님을 부르리라.

눈 감아도 부처 모습 눈을 떠도 부처 모습
살아도 부처 모습 죽어도 부처 모습
부처 마음 가득하고 부처 모습 가득하네
부처님 세계 속에 오똑 앉아 있구나.

(업병에 감사)

업병아 감사하다 진심으로 감사하다.
네 삶도 중요한데 널 부셔서 날 구하니
이 다음엔 아름답고 거룩한 몸 받아서는
존경 받고 덕을 닦는 어진 중생 되어라.

업병아 감사하다 진심으로 감사하다.
네 삶도 중요한데 널 부셔서 날 구하니
이 다음엔 해맑고 밝은 몸을 받아서는
덕을 주고 복을 주는 어진 중생 되어라.

또 사람이 살다 보면 뜻하지 않게 일찍 죽는 경우가 있다. 이른바 요사夭死다. 사실 이 경우는 이 세상 모든 법칙과 질서가 무용지물이 된다. 뭐라고 설명할 수도, 위로할 수도 없기 때문이다.

특히 "왜 나만? 왜 내가?" 하거나 "나는 억울하다!" 할 때는 더욱 그렇다. 하지만 이렇게 요사를 맞이하는 사람도 있다.

신항申沆은 이조 성종成宗의 맏사위다. 성품이 고상하고 단아했다. 시와 술을 좋아했고 산수를 즐겼다. 그런데 나이 30살로 일찍 죽었다. 병이 위독하자 누군가가 물었다.

"하늘은 선한 사람에게 복을 주고 악한 사람에게 화를 준다는데,

그대 같이 선한 사람에게 어찌 하늘이 불행을 주는가?"

신항이 말했다.

"정말 그럴까요? 그렇다면 어찌 해서 하늘이 안자(顔子, 공자의 제자)를 요절시켰겠습니까? 하늘이 어찌 만물 하나하나마다 일일이 수명을 다 매기겠습니까?

사람들은 모두 오래 살기를 좋아하고 일찍 죽기를 싫어하나 이는 이치에 통달하지 못한 까닭입니다. 하늘이 사심私心이 없는 것, 그것이 어찌 즐거운 일이 아니겠습니까?"

그러면서 시 한 구절을 읊고서 유유하게 죽었다.

생전에 아름다운 집에 살다가,

시들어 떨어져서 산언덕으로 돌아가누나.(-『이요정기』)

신항보다 하루라도 더 오래 산 사람은 일찍 죽음을 그리 슬퍼할 것 없다. 천 년을 살아도 하루만 더 살려는 것이 인간의 속성이다.

"사심私心이 없다"는 말이 가슴을 찌른다. 불교식으로 말하면 "무애无㝵", 곧 "거리낌이 없다"가 될 것이다.

자연이 수도장이다

불교에 사성四聖이라는 말이 있다. 네 성인이라는 뜻으로 부처, 보살, 연각, 성문을 말한다. 이 아래가 육도六道가 되어 합쳐서 십계十界 곧 10세계를 이룬다. 참고로 한자 육도六度는 육바라밀이다.

사성四聖 중 부처(佛)는 우리가 다 아는 부처님이다.

보살菩薩은 관음보살, 문수보살, 보현보살 같은 부처님의 화신이나, 마명보살, 용수보살 같은 수제자, 나아가 부처 법을 크게 떨친 사람이다. 흔히 말하는 여女신도가 아니다. 이들은 모두 부처 바로 다음 자리에 앉는다.

다음, 연각과 성문이 있다. 이 둘을 합쳐 이승二乘이라 하는데, 성문聲聞은 소리를 들어서, 즉 부처 법을 들어서 도를 깨친 사람이니 부처의 제자가 됨은 당연하다.

문제는 연각緣覺이다. 이는 원칙적으로 부처님과는 상관이 없다. 그는 자연법칙, 곧 싹이 트고 잎이 지는 자연현상을 보고 스스로 도를 터득한 사람이기 때문이다.

이는 다소 심하게 말하면 꼭 부처 법을 배우지 않고도 깨침을 이룰 수 있다는 뜻이다. 더욱이 불교는 그런 사람을 자기네 설법을 듣고 깨친 사람, 곧 성문보다 더 위에 둔다.

이는 불교의 포용성이자 여유이다. 물론 깨치면 모든 진리가 다 같다는 뜻일 수도 있다. 그렇지만 이런 마음을 갖기가 쉽지 않다.

꼭 자기 교리만 주장하는 종교인들은 귀담아 들을 일이다.

어찌 보면 석가모니 부처도 연각이라 할 것이다. 전생에 많은 스승을 만나 많은 수행을 닦았다는 말만 빼면, 이 세상에서는 뚜렷한 스승이 없이 혼자 도를 깨쳤기 때문이다.

그는 태어난 곳도 룸비니 무우수無憂樹 나무 아래였고, 수행한 곳도 염부수閻浮樹 나무 아래였으며, 깨침을 이룬 곳도 보리수菩提樹 나무 아래였고, 처음 설법을 한 곳도 녹야원鹿野苑이란 숲이었으며, 열반하신 곳도 사라수紗羅樹 나무 아래였다.

모두 자연 그대로에서 생활하고 그대로에서 도를 이뤘다. 편안한 집안에서 수행한 것이 아니다.

*10계十界 4성四聖-부처, 보살, 연각, 성문,
   6도六道-3선도三善道: 천, 인간, 수라
   3악도三惡道: 축생, 아귀, 지옥

*3계三界와 26천天
   무색계(4공처)-공무변처, 식무변처, 무소유처, 비상비비상처
   색계-⑤정범지(7천)-무번천, 무열천, 선현천, 선견천, 색구경
          천, 화음천, 대자재천(마혜수라천)
      ④4선천(3천)-무운천, 복생천, 광과천
      ③3선천(3천)-소정천, 무량정천, 변정천
      ②2선천(3천)-소광천, 무량광천, 광음천
      ①초선천(4천)-범천, 범중천, 범보천, 대범천
   욕계-②6욕천-4천왕천, 도리천, 야마천, 도솔천, 화락천, 타화
          자재천
      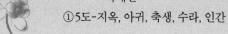①5도-지옥, 아귀, 축생, 수라, 인간

(더위·추위)

더위에서 추위 보고 추위에서 더위 보네.

그 자체가 청량이라 구분 않고 즐기도다.

녹음에서 백설 보고 백설에서 녹음 보네.

그 자체가 청량이라 구분 않고 즐기도다.

괴롬에서 즐거움 보고 즐거움에서 괴롬 보네.

그 자체가 청량이라 구분 않고 즐기도다.

생사에서 해탈 보고 해탈에서 생사 보네.

그 자체가 청량이라 구분 않고 즐기도다.

(봄빛)

봄빛은 고르지만 봄풀은 다 달라서

저마다 뽐을 내어 봄의 향연 누리누나.

진리는 고르지만 만법은 다 달라서

저마다 뽐을 내어 법의 향연 누리누나.

붉은 꽃은 뜻이 있어 냇물 위에 떨어지나

냇물은 무심하여 그냥 둥둥 보내누나.

만물은 뜻이 있어 오고가고 하지마는

진리는 무심하여 그냥 두고 보는구나.

(바람이 불어도)

바람 부니 산천초목 휘드레 웃는구나.
세파 따라 이 몸 또한 휘드레 웃는구나.
그렇지만 이 내 맘은 흔들림이 없으니
고요한 호수처럼 물결 하나 없구나.

나무로 생겼으니 부는 바람 못 피하고
사람으로 생겼으니 무명 바람 못 피하지
그렇지만 이 내 맘은 흔들림이 없으니
미친 듯 불어대도 물결 하나 없구나.

(낙엽)

낙엽에서 새싹 보고 새싹에서 낙엽 보네
이 모두가 땅바닥서 구르고 구르는 일
구태여 분별하여 좋다 싫다 할 것 있나
떨어지든 솟아나든 즐기기만 하면 되지.

산 너머 산이 있고 강 너머 강이 있네.
하늘도 마찬가지 하늘 너머 하늘 있네.
구름 개니 집집마다 밝은 달이 가득하고
가을 되니 곳곳마다 서늘함이 가득하네.

(조용한 숲)

조용한 숲 너럭바위 혼자 꼿꼿 앉아 있네
바람 한 점 없는데도 나뭇잎이 듣는구나.
이 중에 분별하여 말할 것이 무엇 있나
무심하게 한 몸 되어 바라보면 그만이지.

낙엽이 지시나요 황혼을 탓하나요
슬퍼하지 마십시오 봄은 다시 온답니다.
인생도 다시 오고 젊음도 다시 오오.
이름하여 윤회라 멈추는 게 해탈이요.

봄은 다시 오지마는 지난봄이 아니어라
젊음도 다시 오나 지난 젊음 아니어라.
한번 간 젊음은 다시 오지 아니하니
서글픔을 느끼거든 뿌리를 찾아보소.

세상만사가 도다

세상만사가 모두 도다. 세상만사 그 어느 것 하나 도道 아닌 것이
없다. 천하만물이 모두 선禪이다. 그 어느 것 하나 선 아닌 것이 없
다. 모두 진리를 품고 있고 천리를 품고 있다. 그 하나하나가 모두

기적이고 이적이다.

그래서 석가는 아침 샛별을 보고 도를 깨쳤고, 원효대사는 해골 물을 마시고 도를 깨쳤다. 또 승찬은 문둥병에서 도를 깨쳤고, 서산 대사는 닭 울음소리를 듣고 도를 깨쳤다.

이와 같이 고상한 것이나 거창한 것에서만 도를 깨치는 것이 아니라, 세상 어느 것을 통해서도 도를 깨칠 수 있다. 심지어 개똥에 서도 도를 깨칠 수 있다. 곧 두두시도頭頭是道다.

따라서 자기 나름대로 꾸준히 노력하다 보면 어느 순간 어떤 계기로 인해 도를 깨친다. 그리고 그 깨친 경지는 같다.

서산대사 휴정休靜은 임진왜란 때의 승병장이다. 그는 『선가귀감 禪家龜鑑』을 지었고 시도 여러 편 남겼는데, 그중에 삼몽사三夢詞와 성관聲觀이 있다.

삼몽사는 꿈 이야기하는 세 사람도 실은 꿈속의 사람이란 뜻이고, 성관은 닭 울음소리를 듣고 깨쳤다는 말이다. 이 두 시를 적절히 편집해서 휴정송休靜頌이라 해보았다.

(모두가 도)
천하만물 모두가 선, 선 아닌 것 전혀 없고
세상만사 모두가 도, 도 아닌 것 전혀 없네.
그 자체가 장엄이라 분별하지 아니하니
구하지도 아니하고 버리지도 아니하네.

천하만물 모두가 선, 선 아닌 것 전혀 없고
세상만사 모두가 도, 도 아닌 것 전혀 없네.
그 자체가 수행이고 그 자체가 정진이라
좋아하지 아니하고 싫어하지 아니하네.

天下萬物無非禪 世上萬事無非道

(성수性壽 스님 오도송)

(휴정송)
80여 년 전에는 네가 바로 나더니
80여 년 후에는 내가 바로 너로다.
주인과 손님 서로 꿈 이야길 하지만
그들 또한 꿈속의 사람들이로구나.

오늘 문득 닭 울음 한소릴 듣고 나니
대장부 할 일 모두 끝마쳤음 알겠구나.
돌아갈 내 집 바탕 불현듯 깨쳐보니
세상 곳곳 모두가 바로 그곳이로구나.

八十前渠我 八十後我渠 主與客夢說 皆是夢中人
今聽一溪聲 丈夫能事畢 忽得自家底 頭頭只此爾

4. 내 몸이 천하명당이다

꿈에서도 닦는다

내 몸이 천하 명당明堂이다. 천하 법당法堂이다. 마음을 모시고 있기 때문이다.

마음이 무엇인가? 부처이고 진리이다. 적어도 부처될 소질이 다분히 있고, 진리를 깨칠 소질이 다분히 있는 것이다. 이 마음을 떠나서 부처가 되는 일은 없다.

이 마음이 내 몸에 있으니 어디서 이 마음을 닦아야 하는가? 내 몸에서 닦아야 한다. 다른 곳에서는 닦을 수가 없다. 따라서 내가 어디 있든 무엇을 하든 마음만 닦으면 된다.

집에 있든 절에 있든 어디 있든, 가든 서든 앉든 눕든 무엇을 하든 말이다. 곧 행주좌와行住坐臥 모든 곳 모든 때에서 마음만 닦으면 된다.

곧 생활이 수행이고 생활이 도다. 도를 닦는 마음으로 생활하다 보면 일상생활은 물론 자면서도 도를 닦고 꿈에서도 도를 닦는다.

잠자리에 누우면 온갖 근심이 떠오르고 온갖 망상이 떠오를 때가 있다. 이때는 부처님을 생각하고 관음보살을 생각한다. 부처님 모습이나 관음보살 모습을 생각해도 되고…….

어지러운 사람 모습이나 온갖 헛것들이 어른거릴 때도 부처님 모습이나 관음보살 모습을 생각한다.

아니면 그들의 모습을 인위적으로 바꾼다. 부처님 모습이나 관음보살 모습으로 말이다. 인자한 모습으로 삼매에 든 석굴암 부처님 모습이나, 너그러운 모습으로 서 계시는 관음보살 모습으로 말이다. 그러면 이들의 모습이 바뀌거나 사라진다.

또 마음속으로 축원하고 참회한다. 좋은 모습이 되십시오, 아름다운 모습이 되십시오, 부처님 모습이 되십시오 하든지, 아니면 좋은 곳으로 가십시오, 해탈하십시오, 성불하십시오 하든지, 아니면 미안합니다, 죄송합니다 하는 식으로 말이다. 그러면 대부분 사라지고 맑아진다.

이런 식으로 노력하다 보면 꿈도 바뀐다. 좋은 꿈으로 말이다. 꿈에 대해서는 여러 학설이 있으나, 꿈은 두 종류가 있는 것 같다. 곧 6식(의식)에서 오는 꿈과 7식(사량식)에서 오는 꿈이다.

우리가 일상생활에서 겪은 일이 꿈에 되새겨지는 것이 6식(의식)에서 오는 꿈이고, 전혀 생각지도 않고 상상하지도 않았는데 꿈에 되새겨지는 것이 7식(사량식)에서 오는 꿈이라 생각할 수 있다.

6식에서 오는 꿈은 현실 생활에서 온 것이니 시간이 지나면 스스로 소멸되므로 신경 쓸 것 없지만, 7식에서 오는 꿈은 과거 자기가 지은 업에서 온 것일 수도 있으니 조심해야 한다.

꿈이 아름다운 것이라면 전생에 자기가 좋은 일을 한 것이니 지금 또다시 좋은 일을 하면 되지만, 꿈이 아름답지 못하다면 전생에 자기가 좋은 일을 하지 않았다는 뜻일 수도 있으니 이때는 참회하며 앞으로 좋은 일에 힘써야 한다.

참회한다는 것은 앞서 잠자리에 든 때에서처럼 축원하고 참회하는 것을 말한다. 이렇게 하면 꿈도 맑아지고 밝아진다.

꿈에서 어찌 그렇게 할 수 있는가?라고 하는데, 그렇지 않다. 꿈에서도 의식이 살아 있다. 잠시 쉬는 것뿐이다. 따라서 그 의식이 꿈에서도 생각한다. 자기가 마음만 먹으면 꿈도 바뀐다.

(이 몸이 법당)
이 몸이 법당이고 이 맘이 부처로다.
일체가 불법계고 일체가 연화계라
분별하지 아니하고 이 자리서 도를 닦네.
천하제일 명당에서 부처 도를 닦는구나.

세사는 연기일 뿐 정해진 법 따로 없어
찾을 것도 버릴 것도 모두 함께 없었구나.
몸과 마음 함께 놓아 일체 모두 고요하니
윤회바다 저 너머에 열반항이 보이도다.

(걸림 없음)
몸에도 걸림 없고 마음에도 걸림 없네.
일체 걸림 없어지니 한 길로 생사 벗네.

안에도 걸림 없고 밖에도 걸림 없네.

일체 걸림 없어지니 한 길로 생사 벗네.

일체가 마음이라 마음 밖에 법이 없어

일체 마음 없어지니 모든 걸림 벗어나네.

하늘이 무너져도 돌아앉지 아니하고

귀신이 호곡해도 돌아보지 아니하네.

그대로 생각을 바꾼다

하루 벌어 하루 살고, 돈 몇 푼 받겠다고 갖은 소리 다 들어가며 눈치보고, 아이 키우느라 하루하루 전쟁을 치르는데 내가 무슨 수행을 할 수 있는가?

그러나 그렇지 않다. 생각만 바꾸면 바로 수행이다. 모두가 수행이고 모두가 도道다. 서양에서는 이를 "적극적 사고, 긍정적 사고"라 한다. 제법 고상한 말 같으나 결국 생각만 바꾸면 된다는 말이다. 좋게 말이다.

지금 나의 이 힘든 일을, 지금 나의 이 힘든 시기를 수행한다 생각한다, 도 닦는다 생각한다, 나아가 보답한다 생각한다, 기여한다 생각한다. 업 갚는다 생각한다, 은혜라 생각한다.

내가 만약 지금과 같이 사대四大가 강건하지 못하고 육근六根이

청정하지 못하다면, 곧 심신이 건강하지 못하다면 내가 하고 싶어도 하지 못하고, 아무도 시키지도 않는다. 내가 능력이 되니까 내가 하는 것이고, 남이 시키는 것이다.

둘러보면 이 세상에는 하고 싶어도 못하는 사람이 의외로 많다. 그들에 비하면 나는 참으로 행복하다. 불평하고 투덜댈 것 없다. 단지 노력할 뿐이지.

지금 나의 이 괴로움을 도道 닦는다 생각한다.
지금 나의 이 고뇌를 보리(菩提; 깨침)라 생각한다.
지금 나의 이 고통을 업業 벗는다 생각한다.
지금 나의 이 병을 업業 벗는다 생각한다.

그런데도 이 세상에는 힘든 사람이 왜 그리 많은가? 하는 일마다 실패하고, 불행은 겹쳐서 오니. 그래도 견뎌내야 한다. 이겨내야 한다.

예부터 "복福은 홀로 오고 화禍는 쌍으로 온다"고 했다. 지금 나의 이 괴로움은 내가 처음 겪는 것이 아니고, 예부터 많은 사람들이 이미 겪은 것이다. 그래서 이런 말이 나온 것이다.

옛사람들은 잘 견뎌냈다. 나라고 못 견딜 이유가 있는가? 그럭저럭 시간이 지나다보면 나에게도 빛이 들고 기회가 온다. 이것이 인생이다.

(아름다움)

오, 밝은 태양 너 참 아름답다

오, 흐린 태양 너 참 아름답다

눈을 뜨면 세상이 아름답고

눈을 감으면 마음이 아름답다

돌아갈 집이 있어 이 세상이 아름답고

돌아갈 곳이 있어 저 세상이 아름답다

너는 너대로 아름답고

나는 나대로 아름답다

아름다운 것들의 향연

장엄하구나.

(미추 없어)

미추가 없는데도 미추를 가리누나.

시비가 없는데도 시비를 가리누나.

오면 오고 가면 가고 즐기기만 하면 되지

왜 구태여 분별해서 속앓이를 하시나요.

애오가 없는데도 애오를 가리누나.

희비가 없는데도 희비를 가리누나.

오면 오고 가면 가고 즐기기만 하면 되지

왜 구태여 분별해서 속앓이를 하시나요.

(희로애락을 떠남)
생로병사 떠났는데 두려움이 어디 있고
희로애락 떠났는데 성낼 것이 어디 있나
어찌 보면 즐거운 일 그림 같은 추억이고
다시 보면 허무한 것 하늘 위의 구름이지.

이렇게 생각하면 내가 제일 불행하고
저렇게 생각하면 내가 제일 행복하네.
이제 보니 행불행이 마음속에 있는데도
괜스레 구분하여 속 쓰림을 당했구나.

화는 무조건 끊는다

화火, 화병火病 중에서 가장 무서운 것이 어머니 뱃속에서 생긴 화
다. 태어날 때부터 이미 화병을 가지고 나온 것이다. 이는 말할 것
도 없이 임신 중에 어머니가 스트레스를 받았기 때문이다.

화병을 가지고 태어난 아이는 눈에 드러나지 않는 장애아다. 이
아이는 정상적인 사회생활을 못하며 항상 부모를 원망한다. 따라
서 산모에게 스트레스를 주는 남편은 자기를 원망하는 자식을, 자

기와 원수지는 자식을 낳겠다는 사람이다.

사람이 살다보면 스트레스를 받지 않을 수가 없고 화가 쌓이지 않을 수가 없다. 인간사회에서는 어쩔 수가 없다. 문제는 이것을 어떻게 풀고 어떻게 해소하느냐이다.

이때는 한자 둔鈍, 순順, 기棄, 망忘 등을 생각하는 것도 좋다. 한자를 들먹인 것은 한자가 좋아서가 아니라 기억하기 간단해서이다. 둔鈍은 "무디다, 급하지 않다"라는 뜻이고 순順은 "순하다, 부드럽다"라는 뜻이며 기棄는 "버린다"는 뜻이고 망忘은 "잊는다"는 뜻이다.

잘되든 못되든 성공하든 실패하든 너무 날카롭게 대응하지 말고 조금 "무디게, 순하게, 부드럽게" 대응하라는 것이다. 그러다 도저히 안 되면 미련 없이 "버리고, 잊는" 것이다.

그까짓 안달할 것 뭐 있나? 안 되면 그만 두고 다른 방법을 찾으면 되지. 급할수록 돌아가라는 말도 있고 새옹지마塞翁之馬란 말도 있다.

어쨌든 스트레스와 화는 간직할 필요가 없다. 전혀 가치 없는 것들이다. 예부터 진심단명瞋心短命 인욕장수忍辱長壽라 했다. 화내는 것은 수명을 단축하고, 참는 것은 수명을 늘인다는 말이다.

(못 다스려서)
마음 하나 못 다스려 이 고생을 하는구나.

순한 마음 고운 마음 다 어디다 던져두고
타는 마음 끓는 마음만 움켜쥐고 있느냐.

말 한마디 못 다스려 이 고생을 하는구나.
순한 말 고운 말 다 어디다 던져두고
타는 말 끓는 말만 움켜쥐고 있느냐.

(서운 섭섭)
서운 섭섭 하지마 원한분한 하지마.
일체 모든 생각은 오직 맘이 지은 것
마음 만약 생기면 모든 것이 생기고
마음 만약 없으면 모든 것이 없어져.

무얼 그리 짜증내고 무얼 그리 화를 내나.
세상살이 다 그런 것 따져 보면 별 것 없어
지나 보면 추억이고 그림 같은 환상이지
짜증 화냄 하지 말고 물 흐르듯 시시구려.

(울화)
울화야 나오너라 밝은 세상 나오너라.
지금 울화 나오시고 묵은 울화 나오너라.

어둠 속 헤매면서 안달할 것 없으니
호기 있게 뛰쳐나와 밝은 세상 노닐어라.

울화가 치솟아요. 한번 참아 보십시오.
그래도 치솟아요. 또 참아 보십시오.
세 번 네 번 참았거든 한 번 정도 져주시오.
그래도 4대1, 대승이고 완승이요!

(울화 타령)
가슴속 타는 울화 어찌하면 끊겠는가.
끊으려고 애쓸수록 자꾸자꾸 생겨나네.
이 울화 무엇이요 원효대사 이르시길
삼계는 유심이요 만법은 유식이라
울화가 보리인데 무얼 그리 끊으시오.
탐진치를 내리면은 절로 보리 된답니다.

(마음이 밝고 빛남)
스스로 생긴 화는 스스로 끊어내고
밖에서 생기 화도 스스로 끊어내며
생각으로 생긴 화는 생각으로 끊어내고
업으로 생긴 화는 업으로 끊어내네.

마음이 항상 밝고 빛나니 몸이 따라서 화합하고
몸과 마음이 화합하니 한 길로 생사 벗네.
세상사 일체 모두 무심으로 다스리니
그 어떤 한 물건도 나를 어찌 못하누나.

(웃을 것이다)
웃음을 앗아가도 나는 웃을 것이고요
노래를 앗아가도 나는 노래할 것이요.
잠시 깜박 했었지만 그럴 수도 있지요 뭐
이제 다시 시작하니 역시나 멋지군요.

단꿈을 앗아가도 나는 단꿈 꾼 것이요
희망을 앗아가도 나는 희망할 것이요.
잠시 깜박 했었지만 그럴 수도 있지요 뭐
이제 다시 시작하니 역시나 멋지군요.

윤회 원리

수행의 목표는 6식(의식)을 깨고 그 속에 들어 있는 7식(말나식)을
드러내서, 다시 그 속에 들어 있는 8식(아뢰야식)을 드러내는 것이
다. 그리고는 이 8식을 내 마음대로 주무르는 것이다.

죽으면 6식이 사라지고 7식이 활동하며 나아가 8식도 드러나 활동하기 때문에 이미 늦는다. 윤회가 이미 시작되었다는 말이다. 갈 곳이 정해져 그대로 진행된다는 말이다. 손 쓸 도리가 없다.

따라서 살아생전 손을 써야 한다. 지옥으로 가면 큰일이다. 곧 살아생전 8식을 드러내 다른 것으로 바꾸거나 아예 없애야 한다. 다른 것으로 바꾸면 천당에 태어나고, 없애면 윤회가 멎으니 생사를 벗어난다.

따라서 8식만 바꾸면 아무리 사악한 사람도, 이 다음 생애에 천당에 갈 수 있고, 없애면 생사윤회를 벗어나 부처가 될 수 있다.

이는 위에서 말한 9상九相으로도 설명할 수 있다. 선한 사람이 선한 곳으로 가고 악한 사람이 악한 곳으로 가는 것은, 9상 중 상속상相續相 때문이다. 상속식相續識이라고도 한다.

상속은 말 그대로 서로 이어받는다, 이어준다는 뜻이다. 재산상속 할 때의 상속과 같은 뜻이다. 그러나 여기의 상속은 좋은 것만은 아니다. 좋은 것도 있지만 대부분 나쁜 것이다. 과거의 자기 업을 끌어와 미래로 이어준다는 뜻이기 때문이다.

따라서 그 업이 좋은 경우라면 좋겠지만 그렇지 못한 경우라면 결코 좋은 경우가 못된다. 자기가 전생에 지은 모든 죄업을 끌어와 미래, 곧 다음 생애로 이어주기 때문이다. 그러면 다음 생애에는 개나 돼지로도 태어날 수 있다.

이런 골치 아픈 상속식이 조금이라도 우둔하면 얼마나 좋을까? 혹 실수나 착오라도 할 수 있으니……. 그러면 내가 비록 죄업을 지었더라도 실수로, 착오로 선한 세상에 태어날 수도 있으니…….

그러나 이런 일은 있을 수가 없다. 왜냐? 상속상相續相 바로 위가 지상智相이기 때문이다. 지상智相은 지식智識이라고도 하는데, 말 그대로 슬기로운 모습 또는 슬기로운 가리새다.

무엇이 슬기로운가? 여기서는 선악을 따지는 것이 슬기로운 것이다. 잘잘못을 따지는 것이 틀림없다는 말이다. 선악대로 정확히 판단하여 착오가 없다는 말이다.

바로 이 지상이 상속상과 한데 어우러져 있기 때문에 선은 선대로 가고 악은 악대로 가지 달리 방법이 없다. 따라서 살아생전 반드시 이놈을 통제해야 한다.

(아뢰야식)
아뢰야식 생겨나서 부모님 몸 의탁했네.
지난 생애 짊어지고 또 한 생애 돌겠다는군.
기왕지사 생겼으니 막지는 않겠다만
좋은 일만 지으시다 홀홀 털고 다시 오소.

안 생겨도 좋으련만 구태여 생겨났군.
더 닦을 미련 남아 또 다시 생겼는가?

144

기왕지사 생겼으니 막지는 않겠다만
좋은 일만 지으시다 훌훌 털고 다시 오소.

(알고 가자)
어디서 왔다가는 어디로 가는 건가
오고간 곳 모르면서 돌기만 하는구나.
올 때는 몰랐지만 갈 때는 알고 가야
수레바퀴 구르듯이 돌 수만은 없잖은가.

삼계는 유심이라 마음은 생각화합
만법은 유식이라 육신은 사대화합
인연 따라 뭉쳤다가 인연 따라 흩어지네.
뭉쳐짐이 생김이요 흩어짐이 죽음이라.

생각들이 뭉쳤으니 생각 본디 빈 것이고
지수화풍 뭉쳤으니 사대 본디 빈 것이네
빈 것들이 뭉쳤으니 이 몸 당연 빈 것이고
빈 것이 오고가니 생사 당연 빈 것이군.

이 세상에 도를 닦아 12연기 끊게 되면
움직임이 없어져서 육도윤회 멈추게 돼.

올 때는 울고 왔으나 갈 때는 웃고 가네
광대원운 구름바다 넓기도 하구나.

중생들을 구하고자 다시 오고 싶다면은
마음을 움직여서 윤회바퀴 굴리면 돼
이 모두가 자유자재 거리낌이 없으니
대자대비 부처세계 장엄도 하구나.

(삼계 자재)
아뢰야식 순박해 말나식을 따르나
말나식은 우직해 좋고 싫음만 알아
좋고 싫음 쌓임은 육의식에 의하나
육의식은 광자라 못하는 게 없어
탐욕애욕 매달려 선함 악함 다 짓고
선업악업 끌어와 세상 세상 잇게 해
선한 것은 선 세상 악한 것은 악 세상
이 육의식 참으로 달리 나는 실마리

사람들의 가리새 무명 따라 일어나
한 마음을 등지고 여섯 세계 달아나
이제 목숨 걸고서 여섯 세계 잡아채

한 마음에 되가니 큰 수레의 은혜라
열두 가지 인연은 흐르는 물 눈금 침
육도윤회 도는 건 긴긴 꿈의 단막극
삶 죽음과 벗어남 한 생각을 가린 것
못 깨침과 깨침도 한 생각을 가린 것

십선행을 닦아서 삼악도를 벗어나
육바라밀 닦아서 육도윤회 뛰 넘어
인법 이공 얻어서 연꽃세계 노닐다
드디어는 부처돼 삶 죽음을 자재해
삶 죽음과 벗어남 자유자재 하시고
연꽃세계 가서 남 자유자재 하시고
우리 세계 다시 남 자유자재 하시고
모든 세계 생활함 자유자재 하시오.

참선

이제 최후 수단은 한 가지뿐이다. 살아생전 6식(의식)을 깨고 들어
가 7식(말나식)을 끄집어내고, 다시 7식을 깨고 들어가 8식(아뢰야
식)을 끄집어내어 그 버릇을 고쳐놓는 것 말이다. 곧 다른 것으로
바꾸거나 숫제 없애버리는 것 말이다.

이때는 조용한 곳이 좋다. 내 몸이 비록 천하명당이긴 하지만 가정이나 사회는 아무래도 시끄럽다.

곧 큰 절이 좋다. 나를 이끌어 줄 스님도 계시기 때문이다. 이것이 여의치 못하면 경전에 의지하면 된다. 이 둘이 한꺼번에 갖춰지면 더욱 좋고…….

그러나 스님에게도 의지하지 않고 경전에게도 의지하지 않고 혼자 닦으면 위험할 수 있다. 자칫 외도로 빠질 수 있다는 말이다.

어쨌든 참선參禪을 한다. 곧 조용히 앉는다. 6식(의식)을 깨겠다고 조용히 앉아 있으면 온갖 근심과 걱정이 먼저 찾아온다. 온갖 번뇌와 망상도 뒤질세라 쫓아온다.

그러나 이를 극복해야 한다. 부처님을 생각하건, 공空을 생각하건, 아무 것도 생각하지 않건…….

그러다 조금 지나면, 과거 자기에게 원한을 품은 이들이 찾아온다. 자기가 해코지한 사람이 있다면 그가 앙갚음을 하려고 찾아오고, 원수진 사람이 있다면 그가 칼을 들고 찾아온다.

그러나 이것도 극복해야 한다. 환상이고 허깨비라는 생각으로 말이다. 사실이 그렇다. 모두 환상이고 허깨비다. 물론 살아생전 이런 일을 짓지 않는 것이 가장 중요하다.

또 책을 보면 도중에 귀신이나 마귀의 장난이 있기도 한다. 직접적으로 해코지하거나 심지어 수행자를 도와주거나 설법을 해주는 등 교묘한 방법으로 수행자를 해코지한다.

따라서 이들을 분명히 간파해서 배척해야 한다. 만약 이를 간파하지 못하고 그냥 따르면 귀신의 종이 되고 마귀의 수하가 된다. 여간 조심하지 않으면 안 된다.

따라서 좌선 중에 무엇이 나타나면 일단 배척하는 것이 좋다. 부처나 보살이라도 말이다. 초보자는 그 진위를 간파하기 힘들기 때문이다. 그리고 일체가 공이기 때문이다. 무엇이 나타난다는 것 자체가 좋은 것이 아니다.

그런데도 간혹 천당을 보았느니 부처님을 보았느니 하면서 도를 자랑하는데 이는 매우 위험할 수 있다. 물론 보았을 수도 있지만 자칫 사도에 빠졌을 수도 있기 때문이다. 올바른 수행법과 마귀의 장난에 대해서는 『대승기신론』에 비교적 상세히 기술되어 있다.

이렇게 해서 삼매에 들면 점점 더 맑고 담백해진다. 그러다가 앞서 말한 청일담허 상락아정 같은 경지가 나타난다. 이 정도에 이르면 8식(아뢰야식)도 자유자재해지거나 사라진다. 곧 무명無明이 사라지고 공空에 든다.

그러나 어렵게 수행을 한다고 해서 누구든지 당장 도를 이루고 부처가 되는 것은 아니다. 『대승기신론』에서는 누구든지 3아승기를 지나야 부처가 된다고 했다. 따라서 어떤 사람이 지금 도를 이루는 것은 지금에 와서 그 3아승기가 찼기 때문이다.

그저 꾸준히 수행할 뿐이다. 잘 하느니 못 하느니 하는 것은 물론, 깨쳤니 못 깨쳤니 하는 것을 생각할 것 없이 말이다. 사실 이런 생각도 망상이다. 일체개공이라 하지 않았는가.

(마음 좌선)
고통은 참아내어 묵은 죄를 끊어내고
어려움을 참아내어 지은 죄를 끊어내며
세상사 일체 모두 진실로 참회하여
조용한 마음으로 자리 잡고 앉았네.

탐진치를 끊어내어 생각을 잘라내고
여섯 느낌 조절하여 내가 있음 잊어서는
마음 문을 열어젖혀 마음까지 뛰어넘네.
세상사 일체 모두 거리낌이 없구나.

(아홉 가지 마음)
바깥 대상 의지 않고 인연에도 의지 않아,
모든 생각 날 때마다 잘게 부숴 모두 없애.
없앤다는 생각 없애, 모든 법을 생각 않아,
마음 밖을 따르잖아, 마음으로 마음 없애.

마음이 흩어지면 다시 잡아 정념에 둬,
이것이 습관 되면 자나 깨나 머물게 돼,

진여삼매 들어가서 일체가 평등하니,
믿는 마음 더욱 커져 물러서지 아니하지.

(공포)
공포는 안일이라 위급하면 공포 없어
생사가 위급한데 공포 따위 어디 있나
귀신들은 해탈하고 축귀들은 성불하라
생사윤회 끊고 나와 열반세계 가야 하니

공포는 안일이라 위급하면 공포 없어
깨침이 위급한데 공포 따위 어디 있나
악귀들은 해탈하고 마귀들은 성불하라
생사윤회 끊고 나와 열반세계 가야 하니

(땅에서 일어서네)
모든 것은 본디부터 정해진 모습 없어
거울에 비치듯이 오고 가고 하는 것뿐.
마음 바깥 끊으면은 마음이 동요 않고
안으로 거두면은 환하게 비춰지지.

깨침의 마음자린 변함이 없지마는

중생의 마음자린 생각생각 변하누나.
한 번 크게 웃는 중에 만 가지가 합당하니
땅에서 엎어졌다 땅에서 일어서네.

一切諸法本無定相　對鏡影像幻影往來
外息諸緣內心無喘　攝心內照廻光返照
菩提心者不變隨緣　衆生心者念念相續
於一笑中千了萬當　因地而倒因地而起

5. 지은 죄는 참회한다

죄는 저절로 사라지지 않는다

만약 내가 죄를 지었다면 어떻게 해야 하는가? 드러내지 않고 숨기
면 되잖을까? 쥐도 새도 모르게 말이다. 사람이 살다 보면 본의 아
니게 실수도 할 수 있고, 잘못도 저지를 수 있기 때문이다.

그러나 이는 잘못이다. 무지無智다. 중생의 소견所見이다. 숨기면
없어지는 것이 아니라, 점점 안으로 파고들기 때문이다. 없어지기
는 고사하고 마음속 깊은 곳으로 숨어들어가 깊이 자리하기 때문
이다.

의식적으로 죄업을 숨기면, 그 죄업은 의식이 원하는 대로 말나

식을 거쳐 아뢰야식에 깊숙이 숨어버린다. 겉으로는 다 잊고 다 사라진 것 같으나 실상은 아뢰야식에 꼭꼭 숨어 있다.

물론 이것이 꼭꼭 숨어 있기만 하면 아무 상관이 없다. 영원히 숨어 버릴 수도 있으니. 그러나 그렇지가 않다. 윤회가 시작되면 이것이 슬그머니 본성을 드러내 활동을 개시한다.

그리고는 자기가 갈 곳을 결정한다. 자기가 좋아하는 곳으로 말이다. 선한 것은 선한 세상으로, 악한 것은 악한 세상으로 말이다. 마치 호두가 자기가 좋아하는 곳에서 싹을 틔우듯이 말이다.

이와 같이 죄업은 저절로 사라지지 않는다. 끝까지 따라 다닌다. 그러다 심하면 그 영향이 자손에게까지 미친다. 그래서는 집안에 풍파를 일으키고 자손에게 피해를 주기도 한다.

따라서 죄업을 숨긴다는 것은 우리 인간에게 숨긴다는 말이고, 우리 인간을 속인다는 말이다. 인연법의 질서, 인과법의 질서를 숨기고 속인다는 말이 아니다. 이는 숨길 수도 없고 속일 수도 없다.

또 그런 것이 있는지는 모르지만, 혹 귀신鬼神이나 천신天神, 나아가 시왕十王, 염라대왕閻羅大王, 그리고 그 원한 등이 있다면 그들에게는 숨길 수도 없고 속일 수도 없다.

따라서 혹 지금의 체면 때문에, 지금의 명리 때문에, 기타 여러 가지 이유로 자기 죄업을 덮고 가겠다는 사람은, 죽어서 시왕이나 염라대왕이나 또는 그 원한과 한 판 하겠다는 이야기니 기가 막히다. 어리석기가 이루 말할 수가 없다.

따라서 이 세상에서 지은 죄업은 이 세상에서 털고 가야 한다. 그래도 인간 세상이니 이해도 하고 용서도 한다. 축생계만 되도 이런 것이 없다.

인간의 법에는 시효時效라는 것이 있다. 무슨 죄든지 일정 기간이 지나면 죄가 소멸된다고 본다.

그러나 인과법因果法에는 시효가 없다. 아무리 시간이 지나도 죄가 소멸되지 않는다. 소멸시키기 전에는. 이유는 말할 것도 없이 죄업의 상대가 저승에 있기 때문이다.

또 인간의 법에는 주범, 종범 같은 개념이 있다. 곧 주범主犯은 죄가 무겁고 종범從犯은 죄가 가볍다. 그러나 인과법에는 원칙적으로 이런 개념이 없다.『범망경梵網經』의 십악대죄十惡大罪 중 살생殺生 조항을 본다.

부처님이 말씀하셨다.

"부처의 아들딸들아, 만약 내가 죽이고, 다른 사람으로 하여금 죽이도록 시키며, 방편으로 죽이고, 죽음을 기리며, (남이) 죽이는 것을 보고 따라 기뻐하며, 나아가 주문으로 죽이고, (또) 죽이는 원인, 죽이는 여건, 죽이는 법, 죽이는 일을 짓고, 나아가 모든 목숨 있는 것을 고의가 아니지만 죽인다면, (그 이유가 무엇이든) 자기 멋대로 마음속에 죽이려는 결정된 뜻이 생긴 것이니, 이 보살은 바라이 죄(가장 무거운 죄)이다."

곧 죽임에 관련된 일체의 행위를 똑같이 중죄로 보는 것이다. 자기가 직접 죽이는 것은 말할 것도 없고, 남으로 하여금 죽이게 한 것, 죽어라고 주문을 외우는 것, 심지어 남이 죽이는 것을 보고 마음속으로 좋아하는 것까지 말이다.

또한 죽이는 행위뿐만 아니라, 죽이는 원인, 죽이는 여건, 죽이는 도구, 죽이는 법률 등을 만드는 것까지 모두 똑같은 죄로 본다.

이때 그 이유가 무엇인지는 따지지 않는다. 오직 따지는 것은 죽일 의사가 있느냐 없느냐 하는 것뿐이다. 의사가 있으면 무조건 바라이 죄다. 바라이는 인도 말로, 원칙적으로 구제가 불가능한 범죄를 말한다.

곧 『범망경』에서는 살생을 철저히 금한다. 살인은 말할 것도 없다. 자살도 살인에 속한다.

어쨌든 이 세상에서 지은 죄는 이 세상에서 털고 가야 한다. 물론 애초부터 죄를 짓지 않는 것이 가장 중요하다.

(업보 엄정)

업보는 엄정해서 칼날보다 매서우니
쌀알만한 업보라도 이 세상에 털고 가소.
이 세상은 인간계라 봐줄 수도 있지만은
저 세상은 축생계라 인정사정없답니다.

업보는 그물 같아 피할 수가 없습니다.
콩 심은 데 콩 나지 다른 방법 없으니까
이 세상에 지은 업보 이 세상에 털고 가소.
저 세상은 축생계라 인정사정없답니다.

참회하면 된다

그러면 이미 죄를 지었다면 어떻게 해야 하는가? 숨길 수도 없고 사라지지도 않는다고 하니. 목을 내놓고 무조건 기다리기만 해야 하는가?

그렇지 않다. 죄를 없애면 된다. 그러면 모든 것이 다 해결된다.

어떻게 하면 죄를 없애는가? 아주 쉽다. 아주 간단하다. 참회만 하면 된다. 참회만 하면 모든 죄가 다 없어진다.

참회懺悔는 참괴慙愧, 회개悔改라고도 하는데, 우리말로는 모두 뉘우침이다. 천주교의 고해성사告解聖事나 유교의 반성反省도 이 뉘우침의 일종이다. 어쨌든 뉘우치면 모든 죄가 다 없어진다. 그래서 모든 종교에서 참회를 강조한다.

그러면 참회만 하면 정말로 모든 죄가 다 없어지는가? 그렇지는 않다. 한 번 지은 죄는 영원히 없어지지 않는다.

가령 누가 살인을 했다고 하자. 그 후 그가 참회했다고 하자. 그러면 그 살인행위가 없어지는가? 아니다. 한 번 지은 살인행위는 영원히 없어지지 않는다.

그러면 무엇이 없어지는가? 살인행위의 영향이 없어진다. 살인행위의 효력이 없어진다. 참회를 하면 살인한 사실이 더 이상 영향을 주지 못한다. 이를 기분 좋게, 듣기 좋게 살인의 죄업이 모두 없어졌다, 살인의 죄업이 모두 소멸됐다고 하는 것이다.

살인한 사실은 없어질 수도, 소멸될 수도 없다. 따라서 만약 이 다음에 또 다시 죄를 짓는다면, 지난 번 지은 살인죄까지 한꺼번에 따라 올라온다.

마치 낚시 추와 같다. 낚시 추는 물속에 잠겨 있다. 낚싯줄을 당기지 않으면 추가 따라 올라오지 않는다. 추가 있는지 없는지도 모른다. 그러나 줄을 당기면 어김없이 추가 따라 올라온다.

죄업도 이와 같다. 참회하면 죄업이 더 이상 활동하지 못한다. 그러나 또 다시 죄를 지으면 옛날의 죄까지 한꺼번에 따라 올라온다.

왜 이렇게 어렵게 사는가? 조금 양보하며 살고, 조금 참고 살면 되지, 그걸 하나 못 참아서 죽을죄를 지어놓고, 죽으면 어찌 될까 안달하고, 죽어서 축귀畜鬼, 아귀餓鬼에게 이리저리 끌려 다닐 것을 걱정하는가?

한 번 참으면 모든 것이 다 해결된다. 어리석은 중생이라는 소리를 듣지 않는다.

(십악 참회)

살인살생 중한 죄, 지금 빌며 뉘우쳐

도둑강도 중한 죄, 지금 빌며 뉘우쳐

사음간음 중한 죄, 지금 빌며 뉘우쳐

사기사술 중한 죄, 지금 빌며 뉘우쳐

자랑뽐냄 중한 죄, 지금 빌며 뉘우쳐

이간분열 중한 죄, 지금 빌며 뉘우쳐

악담험담 중한 죄, 지금 빌며 뉘우쳐

탐욕애착 중한 죄, 지금 빌며 뉘우쳐

성냄화냄 중한 죄, 지금 빌며 뉘우쳐

어리석음 중한 죄, 지금 빌며 뉘우쳐

殺生重罪今日懺悔　偸盜重罪今日懺悔

邪淫重罪今日懺悔　妄語重罪今日懺悔

綺語重罪今日懺悔　兩舌重罪今日懺悔

惡口重罪今日懺悔　貪愛重罪今日懺悔

瞋恚重罪今日懺悔　癡暗重罪今日懺悔

(살생 참회)

내 어릴 때 잡았던 작은 새 새끼들아,

참으로 미안하다 내가 너를 죽였구나.

그것이 살생인데 그것을 몰랐구나.
이제 와서 용서비니 너그러이 용서하렴.

가축들아 미안하다 진심으로 미안하다
네 목숨도 소중한데 널 죽여서 내 먹으니
이 다음엔 아름답고 복된 세상 태어나서
사랑받고 존경받아 천수를 누리거라.

(전생 참회)
사람이 무지하여 아는 것이 없는 터라
지난 생애 지은 업이 있는지를 모릅니다.
오늘 문득 생각하니 있을 것도 같으므로
무릎 꿇고 참회하니 너그러이 용서하사.

사람이 무지하여 아는 것이 없는 터라
조상님이 지은 업이 있는지를 모릅니다.
오늘 문득 생각하니 있을 것도 같으므로
후손 대신 참회하니 너그러이 용서하사.

(죄업 소멸)
천년만년 묵은 죄 천길 만길 쌓인 죄

한 생각에 끊으면 자취 없이 사라져.
마른 풀이 봄날에 확 타버려 없어지듯이
모든 죄도 다하면 흔적 없이 사라져.

모든 죄 뿌리 없어 마음 쫓아 일어나니
마음 만약 없으면 죄들 또한 없어져.
마음 없고 죄 없어 둘이 함께 텅 비면
이게 바로 뉘우침 진실하게 뉘우침.

百劫積集罪 一念頓蕩盡
如火焚枯草 滅盡無有餘
罪無自性從心起 心若滅是罪亦亡
罪亡心滅兩俱空 是卽名爲眞懺悔 (천수경)

제5장 원효대사의 수행

초기 수행

이참에 원효대사의 수행을 한 번 더듬어 보기로 한다. 고승이면서도 요석공주와 결혼해 설총을 낳아 길렀기 때문이다. 곧 우리같이 일상생활을 하면서도 큰 도를 이루었으니, 우리 중생에게는 더 도움이 될 수 있을 것이다. 아니면 우리가 흉내라도 내볼 수 있고.

원효대사는 특정한 스승 없이 전국을 유람하며 홀로 수행한 것으로 전해지고 있다. 마치 석가가 특정한 스승 없이 전국을 유람하며 홀로 수행한 것처럼 말이다.

그래서 전국 곳곳에 많은 자취를 남겼다. 이 자취를 통해서 원효의 행적과 수행을 더듬어 볼 수 있다.

물론 원효도 초기에는 스승을 찾은 것 같다. 기초 공부는 아무래도 스승이 있는 것이 좋으니까. 그 스승이 바로 낭지법사가 아닌가 한다.

낭지朗智에 대해서는 자세한 기록이 없다.『삼국유사三國遺事』에 의하면 그는 통도사가 있는 양산 영취산에 있었는데, 사람들은 그가 있는지도 몰랐다. 마침 지통智通이란 일곱 살 아이가 까마귀의 인도를 받아 낭지를 찾아가다 도중에 보현보살普賢菩薩을 만나 법을 받았다.

이를 안 낭지법사는 어린 아이에게 절하며 오히려 스승으로 모셨다. 이때 낭지의 나이가 135세였다.

원효는 처음에 이 낭지법사를 찾아가 법을 물은 것 같다. 그리고는 초장관문初章觀文이란 글을 지어 낭지에게 보였는데 별로 신통치 않은 것 같다. 그래서 다시 지었는데 곧『안신사심론安身事心論』이다. 이 글은 지금 남아 있지 않다.

(낭지법사)
백년 수행 낭지법사 까마귀에 쩔쩔 매네.
까마귀가 시킨 대로 칠세 지통 맞아서는
스승으로 모시면서 정중하게 예를 하네.
자기보다 한발 먼저 보현보살 만났다고.

원효대사 법을 묻자 초장관문 지으라네.
다 짓고서 의기양양 시 한 수로 자랑하다.
티끌 같은 글을 써서 법사님께 보내오며,
잔물결을 날려서는 부처바다 던집니다.

이런 것도 글이 되나? 개발소발 장난친 걸!
누구에게 보낸다고? 어디에다 던진다고?
목전에서 질타하자 원효대사 다시 짓네.
이번에는 안심사심, 말하자면 수양서지.

까마귀가 의아하네, 어찌 그리 준엄하오?
낭지법사 대답하네, 원효는 대인이야!
교만하면 못 크거든, 지레 싹을 눌러야지.
굳게 크게 자라라고 가차 없이 매질하네.

흔히 원효(元曉, 617~686)와 의상(義湘, 625~702)을 형제로 비유
한다. 나이는 원효가 여덟 살 많지만 같이 다니고 같이 수행한 경우
가 많다. 그러면서 선의의 경쟁을 했다.

초기 모두 학구열에 불탔을 때 의상이 먼저 낙산사洛山寺를 찾았
다. 그리고는 7일 동안 재계한 후 해상관음海上觀音을 알현했다. 낙
산사 홍련굴은 관음보살 출현지로 유명한 곳이다.

그 후 이번에는 원효가 찾아갔다. 가는 도중 그는 여유 있게 시냇가에서 월경대(월수백)를 빠는 여인과 희롱도 하고, 벼를 베는 아낙과 농담도 했다. 이 광경을 본 파랑새가 놀려주기도 했다.

그러나 정작 낙산사에 도착해서는 관음보살을 만날 수가 없었다. 폭풍이 일어 도저히 홍련굴에 접근할 수가 없었다. 하는 수 없이 돌아섰다. 의상에게 진 것이다.

그러나 실은 원효는 이미 관음보살을 다 보았다. 그것도 두 번씩이나! 오는 도중 만난 월경대(월수백)를 빤 여인과 벼를 벤 아낙이 모두 관음보살이었던 것이다.

다만 원효가 알아보지 못했을 뿐이다. 관음보살은 아름답고 거룩하며 풍만하고 여유롭다는 생각 등등 때문에 말이다. 곧 자기의 아상我相 때문에 알아보지 못한 것이다. 아상我相이란 자기의 생각, 자기의 견해를 말한다.

그러자 파랑새가 이를 일깨워 준다. 아상이 심하다고, 아상을 없애라고. 물론 원효는 이를 알아듣고 중생이 부처이고 일상생활이 수행임을 깨닫는다.

(낙산사 관음보살)
관음보살 친견하려 낙산사를 찾아왔네,
오는 도중 여유작작 아낙까지 유혹했네.
월수백도 받아보고 푸른 벼도 받아봤네,

홍련굴 폭풍 일어 관음은 못 봤구나!

파랑새가 놀려주네 아상이 심하시오.
관음보살 상이 없어 모습이 자유롭소.
일체가 자유로움 대사가 더 잘 아오.
그런데도 못 보았소? 오는 도중 보고서는.

재잘재잘 파랑새가 또다시 놀려주네.
중생이 부처인데 어디 가서 부처 찾고,
대사가 보살인데 어디 가서 보살 찾소.
대사도 중생이라 분별찌끼 남았구려.

크게 깨친 원효대사 노래하며 들어오네.
자루 빠진 도끼 주면 하늘을 찍으리라!
임금이 알아듣고 요석공주 허락하니,
왕실불교 신라 땅에 대중불교 열리도다.

우리 문화

이 무렵 원효는 사복과도 교우를 했는데, 그를 통해서 우리 고유문화에도 안목을 가진 것 같다.

사복은 잘 알려지지 않은 사람인데, 그의 이야기는 『삼국유사』의 사복불언蛇福不言, 곧 "사복이 말을 하지 않다"라는 글에 나온다.

경주의 만선북리에 한 과부가 있었다. 남편도 없이 아이를 낳았는데 나이가 12살이 되어도 말도 하지 않고 일어나지도 아니했다. 때문에 이름을 사동蛇童이라 불렀다.〔혹은 사복蛇卜, 사파蛇巴, 사복蛇伏 등이라고도 하는데 모두 뱀 아이라는 말이다.〕
어느 날 그의 어머니가 죽었다. 그때 원효는 고선사高仙寺에 있었다. 원효가 사복을 보자 맞이하면서 예의를 차렸다. 그러나 사복은 답례도 하지 않고 말했다.
"그대와 내가 옛날에 불경을 싣고 다니던 암소가 죽었으니 함께 장사지내는 것이 어떤가?"
원효가 말했다.
"좋습니다."
그리하여 함께 사복의 집으로 갔다. 사복이 원효에게 설법을 하고 계율을 주라 했다. 원효가 주검 앞에 가서 빌며 말했다.

"나지 말지어다 죽는 것이 괴롭구나.
죽지 말지어다 나는 것이 괴롭구나."
莫生兮 其死也苦 莫死兮 其生也苦

그러자 사복이 핀잔했다.

"무슨 말이 그리 많은가."

그래서 원효가 고쳐 지었다.

"죽고 나는 것이 괴롭구나."

死生苦兮

두 사람은 상여를 메고 활리산 동쪽 기슭으로 갔다. 원효가 말했다.

"지혜 있는 범(虎)을 지혜의 숲 속에 장사지냄이 좋지 않겠소."

이에 사복이 노래(게송)를 지어 불렀다.

"그 옛날 석가모니 부처가 사라수 나무 사이에서 열반하셨는데 지금 또한 그와 같은 이가 있어 연꽃세계(연화장, 극락세계)에 들어가려 한다."

말을 마치고 띠 풀 줄기를 뽑으니 그 속에 명랑하고 맑은 세상(晃朗淸虛)이 있었다. 칠보로 장식한 난간에 장엄한 누각이 있어 인간세상이 아니었다.

사복이 시체를 업고 함께 들어가자 땅이 합쳐졌고 원효는 혼자 돌아왔다. 후세 사람들이 금강산 동남에 절을 세웠는데 도량사라 했다. 매월 3월 14일 점찰법회를 열어 늘상 이어지게 했다. 사복이 세상에 모습을 나타낸 것은 이것뿐인데 황당한 이야기들이 떠도니 웃을 일이다. 기려 말한다.

고요한 연못 속의 잠자는 용이 어찌 한가하겠는가.

죽을 때 읊은 한 곡조는 모든 일을 잊었구나.

괴로운 생사가 본디 괴로움이 아니니

연꽃세계는 넓기도 하구나.

淵黙龍眠豈等閒　臨行一曲沒多般

苦兮生死元非苦　華嚴浮休世界寬

(이민수, 이재호 님 번역 참조)

추측컨대 이 사복은 우리 문헌상, 우리의 사상에서 수행한, 가장 위대한 인물이라 생각된다. 몇 가지 살펴보기로 한다.

먼저 그는 여러 대를 걸쳐서 수행한 느낌이 든다. 그는 전세前世, 현세現世, 내세來世에서 자유자재로 움직이고 있는 느낌이다.

그는 이미 상당한 수행을 이루어 생사生死를 벗어날 수 있었으나, 무엇인가 미진한 점이 있어서 다시 이 세상에 온 것 같다. 남편이 없는 과부의 몸을 의탁해 태어났다가 수행을 다 해 뜻이 이루어지자 미련 없이 돌아간 것이다.

그는 태어난 지 12년간 말도 하지 않고 일어나지도 않았다. 사복蛇伏이란 뱀같이 기어 다녔다는 뜻이다. 이것은 그가 불구자여서 그랬다는 뜻이 아니다. 태어나면서부터, 어쩌면 태어나기 전 때부터 그랬다는 뜻이다. 곧 계속 수행 중이었다는 뜻이다.

따라서 그에게는 불구니 뭐니 하는 것은 의미가 없으며, 태어나고 죽는 것도 의미가 없다. 모든 것이 수행의 한 과정일 뿐이기 때문이다.

또 다른 이유를 들어 본다. 우선 우리나라 최고의 사상가인 원효元曉에게 함부로 말을 하며 부려먹은 것이다(?). 원효가 지은 길지도 않은 축문을 길다고 핀잔을 준 것이다. 결코 평범한 인물이 아니다.

다음, 그가 과부의 몸을 빌려 태어났다는 것은 예수 그리스도가 동정녀童貞女 성모 마리아에게서 태어나고, 석가모니가 마야摩耶 부인의 옆구리에서 태어났다는 것과 맞먹는다. 이는 태어나는 것을 자유자재로 한다는 뜻이다. 남녀의 결합으로 태어나는 그런 평범한 질서를 뛰어넘고 있다는 뜻이다.

또 그는 12년간 말을 하지도 않았고 일어나지도 않았다. 이는 석가모니가 그의 어머니 마야부인을 위해 도리천에서 석 달간 설법해 해탈시킨 것과 비슷하다.

어떻게 보면 사복의 행동은 답답한 모습이다. 12년간 말도 하지 않고 일어서지도 않았으니. 요새 같으면 집안을 망칠 사람이다.

그러나 그렇게만 볼 수 없는 것이 그의 어머니와의 관계이다. 사복은 그의 어머니를 암소로 생각했기 때문이다. 어쨌든 인간으로는 생각하지 않았다.

이야기가 다소 이상하지만 해야겠다. 암소가 어머니로 태어났다는 것은 생사윤회의 과정에서, 동물이 사람으로, 사람이 동물로도 태어날 수 있다는 뜻일 게다.

만약 그렇다면 사복은 태어나기 전부터 자기 어머니가 전생에 암소인 것을 알았으며, 그 후 어머니가 다행히 인간으로 태어났으나 무엇인가 부족함이 있음을 안 것이다.

따라서 자기의 수행에 각고의 도움을 주게 함으로써, 그의 어머니를 윤회의 세계에서 해탈의 세계로 이끈 것이다. 왜냐하면 그는 나중에 자기 어머니의 시체를 들쳐 업고, 맑고 깨끗한 세상으로 함께 들어갔기 때문이다.

시체를 들쳐 업고 청허淸虛한 세상으로 가는 것이 어떤 현상인지는 알 수 없지만, 적어도 죽음에 대해 자유자재한 것만은 틀림없다. 이는 생사 같은 것은 진작 뛰어넘었다는 이야기다.

석가나 예수 같이 좀 더 위대한 일을 했으면 하는 것은, 욕심 많은 우리 인간의 생각일지도 모른다.

사복이 띠 풀 줄기를 뽑자 맑고 청량한 세상(晃朗淸虛)이 나타났는데 사복이 그 속으로 들어갔다는 것이다.

청량한 다른 세상이 어디일까? 혹 이것이 우리 민족이 상상하는 이상의 세계가 아닐까? 불교에서는 물질세계(色界) 너머에 공의 세계(空界)가 있다고 하는데 혹 그런 세계가 아닐까? 또 성리학에서는 이기질理氣質을 논할 때 물질(質) 안에 기氣의 세계가 있다고 하는데 그런 세계가 아닐까?

170

어쩌면 이 청량한 세상은 우리 민족이 수천 수만 년에 걸쳐 닦아온 우리 고유의 정신세계일 수도 있다. 불교의 연화장이나 서방정토세계, 기독교의 천당이나 천국과 같은. 어쩌면 그보다 더 뛰어난…… . 더 이상은 생각이 미치지 못하므로 논하지 않는다.

여기서 띠 풀은 큰 의미가 없다. 모든 물질이 공空의 세계, 기氣의 세계, 정신세계와 통하는 문이 될 수 있기 때문이다(?). 곧 두두시도頭頭是道이기 때문이다.

따라서 꼭 띠 풀만을 가리킨 것이 아니다. 사복은 마침 띠 풀이 옆에 있어서 그것을 뽑았을 뿐이다. 이것도 사복의 경지에 이르지 못한 사람으로서는 왈가왈부할 성질의 것이 못되니 이만 줄인다. (『우리도 잊어버린 우리 문화 이야기』, 너울북, 2011년, 301~305쪽에서 전재)

(고선사와 사복)
토지신이 대어들자 그 자리서 후려치고
귀신잡신 대어들자 그 자리서 내지르네.
온갖 잡것 몰아낸 후 고선사를 세웠구나.
그러고선 눌러 앉아 수행정진 하였구나.

사복이 찾아왔네, 암소가 죽었다고.
집에 가니 사복 어미 널브러져 죽어 있네.

띠 풀 줄기 뽑아내자 청량세계 나타나네.
사복이 어미 업고 절뚝절뚝 들어가네.

그제야 깨치도다! 일체 중생 부처임을!
또 다시 깨치도다! 세상 곳곳 청량임을!
그러고선 붉히도다! 자기의 부족함을!
귀신잡신 눌렀으나 인도하진 못했음을!

자리 박차 거리 서니 곳곳마다 청량하네.
호로 차고 몸을 트니 무애춤이 절로 되네.
중생이 부처로다! 귀신 또한 부처로다!
기생도 안아주고 거지도 안아주네.

(고선사 수몰)
고선사 찾아오니 잔물결이 일렁이네.
토지신과 싸워 뺏은 그 명당 터 어디 갔나?
무지 중생 가르치던 그 설법 터 어디 갔나?
천년 세월 넘어서자 물속에 잠겼구나.

그렇지만 일러주네, 일체 모두 헛것임을.
또 다시 일러주네, 남는 것을 말뿐임을.

또 다시 일러주네. 찾을 것은 진리일 뿐.

잔물결이 속삭이네, 그것 또한 헛거라고.

홀로 수행

다소 준비가 되자 원효는 본격적으로 수행을 시작한 것 같다. 전국을 돌아다니며 말이다. 어느 특정한 스승의 학문으로는 그의 마음을 채울 수가 없었다. 따라서 자기 혼자 터득하는 수밖에 달리 방법이 없었다.

그가 수행한 곳은 대부분 기암절벽이다. 한 번만 방심하면 목숨이 위태로운 곳이 많다. 또 이런 곳엔 바위굴이 많다. 산짐승을 막아주기도 안성맞춤이다. 원효는 이런 바위굴에서 수행했다. 그야말로 목숨을 건 것이다.

북한산 원효암元曉庵에도 그의 자취가 있고, 남해 향일암向日庵에도 그의 자취가 있다. 향일암의 처음 이름은 원통암圓通庵이다. 원통은 두루 통한다는 말이다.

(북한산 원효암)

천길 단애 미끌 절벽 죽음 혀를 날름이네.

한 걸음만 삐끗하면 영락없이 채가려고

움츠려 뒤를 보니 사자암이 포효하네.

한 순간만 방심하면 미련 없이 덮치려고.

이 자리서 갈았구나 이 자리서 닦았구나
만고윤회 목을 자를 회심의 활인검을!
그리하여 찾았구나 그리하여 얻었구나
생사열반 조롱하는 신통방통 여의주를!

그 사람 어디 갔나? 소식 전해주지 않고?
그러나 원망 마오 한탄도 하지 마오
그 절벽은 아직도 그 자리서 서 있으니.
천길 단애 치고 오를 새 사람을 기다리며.

(남해 향일암)
고개 숙여 허리 굽혀 바위굴을 빠져가네.
그제야 나타나네 탁 트인 바다 허공
발 아래 바다 안고 눈 아래 허공 품어
우주와 한 몸 된 채 좌선대에 앉았구나.

원통암 이름 좋아! 힘들고 어렵지만
좁은 굴을 빠져가야 원만하게 통한다는.
향일암도 좋지만 원통암 뜻이 깊어

원효대사 깊은 뜻이 살아 숨 쉬는 듯해

나 같이 미숙한 이 대사 뜻을 알랴마는
그렇다고 주저앉을 수만은 없잖은가?
흉내라도 내 보는 게 중생 소견 아니겠나.
고개 숙여 허리 굽혀 바위굴을 빠져보네.

(향일암 원효대사 좌선대)
넓은 바다 트였으니 망해암이 딱히 좋고
하늘 끝과 맞닿으니 허공암이 딱히 좋네.
일체 원망 내던지니 투원암이 딱히 좋고
일체 근심 내던지니 투우암이 딱히 좋네.

온 우주와 한 몸 되니 평등암이 딱히 좋고,
불법계와 한 몸 되니 적멸암이 딱히 좋네.
마음이 편안하니 안락암이 딱히 좋고,
일체 걸림 없어지니 무애암이 딱히 좋네.

眺望大海望海巖　接境天涯虛空巖
投怨一切投怨巖　投憂一切投憂巖
十方同體平等巖　法界同體寂滅巖

心而便安安樂巖　一切无碍无碍巖

홀로 수행의 절정은 개암사 원효방(원효굴)이 아닌가 한다.

개암사開巖寺는 전북 부안 변산반도에 있는 절인데, 이 절 뒤에 울금바위(우금바위)가 있고, 이 바위에 원효방이 있다. 원효굴이라고도 하는데, 이 방에는 원효샘이라는 마르지 않는 작은 샘이 있어 젖샘이라 한다. 수행할 만한 곳이다.

추측컨대 원효는 이곳에서 「발심수행장發心修行章」을 짓지 않았나 생각된다. 「발심수행장」은 불교 초입자는 누구나 읽어보는 짧은 글인데, 여기에는 이런 구절이 있기 때문이다.

(발심수행장 일부)
높은 산속 험한 바위 슬기로운 이 터 잡는 곳
푸른 솔밭 깊은 골짝 도 닦는 이 머무는 곳
배고프면 열매 따서 주린 창자 달래주고
목마르면 개울물로 목마름증 식혀준다.

메아리친 바위굴을 염불하는 도량 삼고
슬피 우는 기러기를 마음속의 벗을 삼아
꿇은 무릎 얼음 돼도 불 쬘 생각 아니 내고
주린 창자 끊어져도 먹을 생각 아니 내네.

물론 정말로 여기에서 「발심수행장」을 지었는지는 알 수 없지만 어쨌든 원효는 이런 곳에서 철저히 수행한 것을 알 수 있다.

'주린 창자를 달랜다', '불 쬘 생각을 아니 낸다'는 구절에서는 할 말을 잊는다. 도저히 따라갈 수 없다는 생각이 든다.

(개암사 원효방)
슬피 우는 갈매기를 마음속의 벗을 삼아
암굴 속에 자리 잡고 삼계관조 하였구나.
그러고선 외쳤구나, 삼계윤회 벗으라고!
죽음이 문턱인데 왜 닦지 않느냐고?

얼음장 무르팍이 끊어질 듯 시려와도
불 쬘 생각 아니하고 삼계관조 하였구나.
그러고선 외쳤구나, 삼계윤회 벗으라고!
백년이 내일인데 왜 닦지 않느냐고?

천신천녀 관음보살 갖가지로 유혹해도
사랑도 내려놓고 애정도 내렸구나.
그러고선 뚫었구나, 삼계관통 큰 도로를.
불타는 집 드나듦을 무던히도 슬퍼해서!

악귀마귀 천하마왕 갖가지로 위협해도

목숨도 내려놓고 영욕도 내렸구나.

그러고선 뚫었구나, 삼계관통 큰 도로를.

육도윤회 도는 것을 무던히도 슬퍼해서!

깨침

원효대사가 해골 물을 마시고 도를 깨친 것은 잘 알려진 사실이다. 그러나 정작 그곳이 어디인지는 알 수가 없다. 남양만이라는 설도 있고, 포승읍이라는 설도 있다. 특히 포승읍浦升邑 수도사修道寺 부근에는 무덤 터가 있다고 한다.

어쨌든 여기서는 그가 해골 물을 마셨다는 데서 출발하기로 한다.

원효대사의 해골 물에 대한 기록은 『송고승전宋高僧傳』(당신라국唐新羅國 의상전義湘傳)과 역시 중국 기록인 『임간록林間錄』에 나오는데 내용은 다소 다르나 종합해 보면 이런 내용이 된다.

원효대사가 의상대사와 함께 배를 타고 당나라로 가기 위해 서쪽으로 나아갔다. 도중에 갑자기 장맛비를 만났는데, 날은 어두워지고 하는 수 없이 길가 토굴을 찾아 들어갔다. 덕분에 비바람을 피할 수 있었다.

자다가 목이 말라 손을 뻗어 물을 찾았더니, 토굴 속에 달고 시원한 물이 있었다. 날이 밝아 살펴보니 토굴이 아니라 무덤방이었고, 달고 시원한 물이 아니라 썩은 해골 물이었다. 원효는 구역질이 나 견딜 수가 없어 모두 토해 버렸다.

그러나 날은 더욱 궂고 땅은 더욱 질척해 한 걸음도 나아가기 어려웠다. 무덤방에 계속 머물 수밖에 없었다. 그러나 밤중이 되자 이번에는 귀신들이 덤비기 시작했다. 지난밤엔 없었는데 말이다. 자리에 눕기가 힘들었다. 원효는 깊이 깨치며 탄식했다.

지난 밤 묵었을 때는 토굴이라 편안하더니

오늘 밤에 묵으려니 귀신 집이라 빌미가 많구나.

아하! 알겠구나.

마음이 생기면 갖가지 법이 생기고

마음이 없어지면 토굴과 무덤이 둘이 아닌 것을!

또

삼계는 오직 마음뿐이요,

만법은 오직 가리새뿐임을!

마음 바깥에 법이 없는데 무엇을 별도로 구하겠는가!

前之寓宿謂土龕而且安　此夜留宵託鬼鄉而多崇

則知　心生故種種法生　心滅故龕墳不二

又　三界唯心萬法唯識　心外無法胡用別心

그리고는 당나라에 가지 않고 바랑을 지고 경주로 돌아갔다. 물론 의상은 혼자서 당나라에 들어갔다.

원효가 깨친 "마음이 생기면 갖가지 법이 생기고, 마음이 없어지면 토굴과 무덤이 둘이 아니다"를, 『대승기신론』에서는 "마음이 생기면 갖가지 법이 생기고, 마음이 없어지면 갖가지 법도 없어진다(心生則種種法生 心滅則種種法滅)"라고 했다.

"삼계는 오직 마음뿐이요(삼계유심) 만법은 오직 가리새뿐이다(만법유식)"에서, 삼계는 욕계·색계·무색계이니 우주를 말하고, 만법은 그 사이에 있는 일체 모든 것을 말한다. 곧 우주는 오직 마음뿐이며, 그 사이에 있는 일체 모든 것은 생각뿐이라는 것이다. 『화엄경』의 "일체유심조一切唯心造, 모든 것은 오직 마음이 짓는 것이다"와 같은 뜻이다.

이는 곧 세상 만물 모두가 도를 통하는 길이 될 수도 있다는 뜻이니, 곧 두두시도頭頭是道다. 원효는 단지 해골 물을 통해서 도를 깨쳤을 뿐이다.

사실 원효가 중국으로 들어가지 않은 것은 우리 민족으로 봐서는 큰 복이다. 큰 자긍심을 주었기 때문이다.

그가 만약 중국으로 건너갔으면 비록 이름은 좀 날렸겠지만 그건 어디까지나 중국의 일이다. 중국의 일원이 되었기 때문이다. 우리 신라하고는 아무 상관이 없다. 곧 해동(신라)이란 이름은 드러나지 않는다.

그러나 그가 중국에 들어가지 않고 신라 땅에서 공부해서 대성했기 때문에 중국에서도 그의 학문을 별도로 인정해서 원효종元曉宗, 해동종海東宗, 분황종芬皇宗이란 이름을 붙여주었다. 그의 학문은 중국은 물론 일본에까지 영향을 주었다. 원효는 해동에도 인물이 있음을 세상에 알린 사람이다.

이 모두가 그가 해골 물을 마셨기 때문이니, 따지고 보면 그가 도를 깨치게 한 것도 이름 없는 서민이고, 그가 세상에 이름을 날리게 한 것도 이름 없는 서민이다. 곧 해골 물의 주인인 평범한 우리 선조이다.

(무덤방)
밤새 마신 바가지 물 그렇게나 시원하랴!
이튿날 눈떠서야 해골인 줄 알았네.
구역질이 치솟누나 지혜 눈이 열리누나.
깨끗함과 더러움이 마음속의 일이란 걸.

하룻밤 더 자려니 웬 귀신이 이리 많나?
어제 밤엔 없었는데 오늘 밤엔 왜 있는가?
무서움이 치솟누나 지혜 눈이 열리누나.
마음이 생기면은 모든 것이 생긴단 걸.

일체가 마음이라 마음 밖에 법이 없어.

무덤 속 해골에도 깨침이 있었구나.

하물며 중생이야! 중생이 부처로다!

해동신라 드디어 원효종이 열리도다.

홀홀 털고 일어나니 먹구름도 광명이라.

세상만사 그 모든 것 그 자체가 깨침이라.

질척이는 빗속에서 거침없이 춤을 추네!

해동신라 드디어 원효성사 출현하다.

여유

원효는 깨치고 나서 상당한 마음의 여유를 가진 것 같다. 혜공법사와의 관계를 보면 알 수 있다.

혜공惠空은 『조론肇論』을 지은 중국 승조僧肇의 후신後身이다. 그런데 그는 노비의 아들로 태어났다.

과거의 고승이 노비 같은 천한 사람으로 태어난다? 이해가 잘 안되는 부분이다. 그러나 『삼국유사』에는 이런 기록이 의외로 많다. 앞서 말한 지통智通도 원래는 노비의 아들이었다.

이는 수행을 하는 데는 신분은 크게 고려 대상이 못 된다는 뜻같다. 아니면 신분에 거리낌이 없기 때문에 오히려 수행하기가 더 좋다는 뜻일 수도 있고…….

어쨌든 혜공은 상당한 도술을 갖추었다. 그는 우물 속에 들어가 몇 달씩 수행하곤 했는데, 그때마다 푸른 옷을 입은 동자童子가 보살폈다. 물론 옷도 젖지 않았다.

당시는 선덕여왕善德女王 시절이었는데, 철모르는 지귀志鬼라는 거지가 이 선덕여왕을 사모했다. 이를 안 혜공은 새끼줄을 꼬아서는 영묘사靈廟寺에 주면서 이 새끼줄을 법당에 두루 치라고 했다. 그리고는 삼일 후에 걷으라고 했다.

삼일 째 되던 날 선덕여왕이 갑자기 영묘사를 방문했다. 이를 안 지귀가 먼저 와서는 불탑에 쪼그리고 앉아 있었다. 여왕을 만나겠다고. 그러나 정작 여왕이 도착했을 때는 너무 피곤한 나머지 그만 깊은 잠에 빠져 버렸다. 그 사이 여왕이 가 버렸다.

그러나 선덕여왕은 그냥 가지 아니했다. 사실 이야기를 듣고는 자기가 차고 있던 팔찌를 벗어 지귀의 무릎에 얹어놓고 갔다.

잠에서 깬 지귀는 이 사실을 알고 심화心火가 일어 자기의 온몸을 태웠다. 나아가 영묘사 곳곳에 불이 붙었다. 그러나 새끼줄로 둘러친 법당만은 타지 않았다.

혜공은 장난기도 있었다. 한 번은 혜공이 산길에서 죽어 구더기가 버글버글 한다고 소문이 났었다. 사람들이 놀라 황급히 찾아보니 그는 시장터에서 질탕하게 한잔 마시고는 취해 노래하고 춤추고 있었다. 장난 한번 우직하게 해본 것이었다.

이런 혜공이 원효를 찾아와 고리타분하게 공부만 하지 말고 물고기나 잡아서 먹자고 했다. 중이 살생을 하겠다는 것이다.

둘은 항하사恒河沙, 지금 경주 오어사吾魚寺 부근에서 물고기를 잡아서 찌개를 해 맛있게 먹었다. 그러고는 바위 위에 똥을 푸드득 쌌다. 순간 똥이 물고기로 변해 퍼덕퍼덕 뛰었다. 혜공이 말했다.

"대사가 눈 똥은 내가 잡은 물고기요!"

이는 나의 생사生死는 물론 남의 생사까지 자유자재 한다는 말이다. 그러니 그의 행동에 거리낌이 있을 수가 없었다.

(오어사)

죽었다는 소문 듣고 헐레벌떡 달려오니

저 멀리서 혜공법사 뚜벅뚜벅 걸어오네.

죽었다고 하시던데? 죽기는 누가 죽어?

구더기가 버글버글! 장난 한번 해본 거요.

고기나 잡읍시다, 찌개가 보글보글.

볼그레한 용녀가 술잔까지 올리누나!

똥이나 누어야지, 고기 똥을 푸득 싸네.

놀란 원효 경배하자 혜공이 손을 젓네.

대사는 정통이야 옆길 빠짐 안 되거든.

모든 사람 다 그렇듯 그냥 똥을 싸야 하오.

이상한 똥 싸는 것은 사술이고 요술이지.

정통 불교 세우라고 원효 등을 미는구나.

도행 깊은 원효대사 그냥 갈 리 만무하지.

슬쩍슬쩍 곁눈질해 혜공 술법 터득하네.

근엄한 법 설법타가 은근슬쩍 도술 부려

미혹한 중생들께 큰 웃음을 주는구나.

『금강삼매경金剛三昧經』의 출현은 신비한 점이 많다.『송고승전』
(당신라국唐新羅國 황룡사黃龍寺 원효전元曉傳 대안大安)에는 이런 기록
이 있다.

신라 왕후의 머리에 작은 덩어리가 있었는데, 의원들이 모두 치
료를 포기했다. 왕과 왕자, 신하들이 영험 있는 산천이나 사당에
기도했으나 모두 허사였다. 그때 어떤 남자 무당이 말했다.

"사람을 다른 나라에 보내서 약을 찾아야 이 병을 고칠 수 있습
니다."

왕은 곧 사자로 하여금 바다를 건너 당나라에 들어가 그 약을 구
하게 했다.

사자가 배를 타고 서해로 나아가니 아득한 바다 한가운데 문득

한 늙은이가 보였는데, 배에 올라 파도를 타고 빠르게 다가와서는 사자를 맞아 바다로 들어갔다. 장엄하고 화려한 궁전이 보였다. 용왕을 만나보니 서해 용왕 검해鈐海였다. 그가 사자에게 말했다.

"그대 나라의 왕후는 청제(靑帝, 도교의 황제?)의 셋째 딸이오. 나의 궁 안에 예부터 『금강삼매경』이 있는데 두 가지 깨침의 두루함을 통해 보살행을 보이는 경이요. 지금 왕후가 병이 난 것은 이 병에 의탁해서 이 경을 크게 펼치려는 인연 때문이요. 이 경을 줄 터이니 온 나라에 두루 퍼지게 하면 좋겠소."

그러면서 서른 장 남짓한 흩어진 경을 사자에게 주었다. 그리고는 말했다.

"이 경이 바다를 건너는 중 마귀의 장난이 있을까 두렵소."

용왕은 가지고 있는 칼로 사자의 장딴지를 베고는 그 안에 밀랍 종이로 묶은 경을 넣고는 약을 발랐다. 장딴지는 예전과 같이 되었다. 용왕이 말했다.

"대안성자大安聖者에게 경經의 순서를 정리케 한 후, 원효법사를 청해 풀이 글을 짓게 해서, 그것을 강의하면 왕비의 병이 나을 것이요. 비록 히말라야의 명약 아가타(불사약)라 하더라도 이 경보다 못할 것이요."

용왕은 사자를 바다 위로 보내주었다. 사자는 배를 타고 나라로 돌아왔다. 왕은 곧 대안성자를 불러 순서를 정리하게 했다.

대안은 예측할 수 없는 사람이다. 모습과 옷이 특이했다. 늘상 저 잣거리에 있었다. 구리로 만든 그릇을 치면서 대안大安! 대안大 安! 곧 크게 편안하라는 소리를 불렀다. 그래서 대안법사라 했다. 왕은 대안에게 명령했다.

"궁궐에 들어와 경을 풀이하시오."

대안이 말했다.

"경을 가져오십시오. 궁궐에 들어가기를 원치 않습니다."

이에 왕은 경을 건네주었다. 대안은 경을 받자 여덟 부분(8품)으로 정리했다. 대안이 말했다.

"빨리 원효에게 부탁해서 경을 풀이해서 강의케 하시오. 다른 사람은 안 됩니다."

원효가 이 경을 받을 때는 경북 상주에 있었다. 원효가 사자에게 말했다.

"이 경은 본각과 시각, 두 가지 깨침을 주된 뜻으로 합니다. 나를 위해 소 수레(각승)를 마련해 주시오. 소 두 뿔 사이에 책상을 놓으려 합니다."

원효는 거기에 붓과 벼루를 놓고서 처음부처 끝까지 소 수레에서 풀이 글(疏) 다섯 권을 썼다. 왕이 날짜를 정해서 원효로 하여금 황룡사에서 강의케 했다.

이때 시샘하는 무리가 있어 원효가 풀이한 글 다섯 권을 훔쳐갔다. 보고를 받은 왕은 3일 간 말미를 주었다. 그래서 원효는 3일

만에 다시 세 권을 썼다. 이를 약소略疏, 곧 간단히 풀이한 글이라
했다.

원효가 설법을 시작하자 왕과 신하, 거리의 속인들까지 황룡사
법당을 구름처럼 메웠다. 원효는 위엄 있는 말로, 그렇지만 알아
듣기 쉽게 풀어서 설법했다. 칭찬이 자자하고 박수 소리가 허공
을 날았다. 끝으로 원효가 한마디 했다.

"지난날 서까래 백 개를 모을 때는 나는 참여하지 못했지만, 오늘
아침 대들보 하나를 놓을 때는 오직 나 혼자만이 참여했습니다."

(금강삼매경 출현)
시장가 비렁뱅이 거리낌이 전혀 없네.
얻은 밥을 남에 주며 대안 대안 하는구나.
파리하고 찌들어도 춤은 마냥 흥겹기만.
모두들 경배하며 한 술 두 술 퍼주도다.

때마침 왕비께서 몹쓸 병에 걸리셨네.
삼매경을 구해 와서 강연하는 수밖에
서해 용궁 깊은 곳서 어렵사리 구했으나
해동신라 넓은 땅에 풀이할 자 없도다.

대안에게 부탁하니 사래 치며 말을 하네.

188

원효에게 부탁하오, 딴 사람은 안 됩니다.

만 군중 모인 앞에 황룡사서 일설 하니

거지 원효 드디어 세상 위에 우뚝 서다.

서까래니 대들보니 말할 것이 뭐가 있나

그것 또한 썩기 마련 괜한 업만 될 뿐이지.

마음속 깊은 불만 다 삭이지 못했으니

성사 소리 들으려면 좀 더 갈아 내야겠군!

자재

자재암自在庵은 경기도 동두천 소요산에 있는 절이다. 자재란 자유 자재의 준말로 일체에 거리낌 없음, 곧 무애无㝵와 같은 뜻이다. 원 효는 특히 무애란 말을 즐겨 썼다.

그러면 무엇으로부터의 자유인가? 생사로부터의 자유다. 나고 죽음 그 자체로부터 자유롭다. 그러니 이 세상살이야 말할 것이 있 겠는가? 일체에 자유롭다, 일체에 거리낌이 없다.

이에 이 세상을 만끽하며 살 수 있다. 그에게는 고승이니 파계破 戒니 하는 구속이 없다. 또한 생활 자체가 수행이다. 따라서 그에게 는 결혼해서 애 낳는 것도 수행이다.

어쩌면 그가 파계를 한 것은 그가 공부한 것, 곧 위에서 말한 말나식, 아뢰야식 같은 것을 확인해 보는 것일 수도 있다. 과연 그런가? 과연 자기가 그런 경지가 되는가? 하고 말이다. 그래서 노래를 불렀다.

누가 자루 빠진 도끼를 주면,
하늘을 받들 기둥을 찍겠다.
誰許沒柯斧 我斫支天柱

이 노래를 듣고 태종太宗이 과부가 된 자기 딸을 주었다. 그래서 설총薛聰을 낳았다.

자루 빠진 도끼는 과부다. 처녀가 아니다. 원효의 윤리관을 알 수 있는 부분이다. 그리고 신라 당시에는 아무래도 훌륭한 인물은 남자다. 여자는 사회 진출에 한계가 있다.

이 노래대로 한다면 원효는 여자가 있기도 전에, 남자 아이를 낳으며, 그것도 큰 인물을 낳을 것을 공언했다. 남자인지 여자인지는 고사하고, 그저 건강한 아이만 낳기를 바라는 우리와는 차원이 다르다. 이는 나의 생사는 물론 남의 생사까지 자유자재할 수 있다고 해야 해석이 된다.

자재암에는 요석공주가 설총을 기른 요석궁지가 있고, 원효가 수행한 원효굴과 원효대가 있다.

(소요산 자재암)

요석공주 손을 잡고 산문에 들어서니
만백성 초목까지 배를 잡고 웃는구나.
천하 땡중 납시었다! 파계대왕 납시었다!
원효대사 고개 들어 자재암을 바라본다.

일체가 자재한데 거리낌이 어디 있소.
사바 속에 머물러도 물들지 아니하면
그게 바로 부처이고 그게 바로 깨침이라
그대 또한 부처이니 찾지 않고 뭐하시오.

나와 남을 분별하면 부처중생 둘이 되고
안과 밖을 분별하면 사바극락 둘이 되나
분별 않고 함께 보면 그 모두가 극락일 뿐
극락 속에 노니는데 거리낌이 어디 있소.

어화둥둥 우리 공주 내 사랑 우리 공주
생활도 함께 하고 수행도 함께 하세
요석공주 손을 잡고 자재암에 오르니
귀족불교 신라 땅에 생활불교 열리도다.

(소요산 청량폭포)

쏴르르 청량폭포 무지막지 깨부수네.
가슴 속속 원한분한 묵고 묵은 숙세업을
그러고선 들려주네 시원스레 물소리를.
나에게도 맑은 기운 있었음을 깨쳐주네.

주르르 원효폭포 잘디잘게 깨부수네.
찌들은 욕심번뇌 탐욕애욕 그 모두를
그러고선 채워주네 시원스레 물소리를.
나에게도 맑은 기운 가득함을 깨쳐주네.

천성산千聖山은 경남 양산에 있는 산인데 여기에는 내원사內院寺
등의 절이 있고, 원효가 당나라에서 건너온 천 명의 스님에게 『화
엄경』을 설법한 화엄벌이 있다.
원효가 당나라 스님 천 명을 득도시킨 경위는 이렇다.

하루는 좌선을 하고 있는데 중국 어느 큰 절에서 어떤 행사하는
것이 보였다. 그런데 절 뒤에 있는 암벽이 곧 무너져서 온통 절을
덮치게 되었다.
원효는 급히 나무판자를 구해 몇 자 적어서는 허공으로 휙 던졌
다. 얼마 후 중국의 절에서는 웅성웅성했다. 공중에 나무판자가

떠다닌다고⋯⋯. 모두들 의아해서 밖으로 나오자 그 사이에 암벽이 무너져 절을 뭉개 버렸다.

곧이어 나무판자가 땅에 떨어지는데 보니까 거기에는 이렇게 쓰여 있었다.

"신라 원효가 나무판자를 던져 여러 사람을 구하도다."(海東元曉
擲盤救衆)

이에 사람들이 신라에 성인이 있음을 알고 건너왔다. 그리고는 화엄벌에 모여 원효의 설법을 듣고 모두 도를 깨쳤다. 그래서 산 이름도 천성산千聖山, 곧 천 명의 성인이 난 곳이라고 바꿨다.

(천성산 화엄벌)
기우뚱 기암절벽 순식간에 덮치려네.
깜짝 놀란 원효대사 급히 적어 휙 던지다.
저게 뭐야? 모두 나와. 그 사이에 무너지네.
신라 원효 중원대륙 수천 생명 구하도다.

신라 땅에 성인 있군! 화엄벌에 모여드니
바위 위에 높이 서서 사자후를 토하도다.
모두 깨쳐 성인되니 천성산 이름했네.

지금은 모두 가고 황량함만 남았구나.

깨치면 미련 없어 돌아볼 것 전혀 없지.
무슨 흔적 남기는 것 그것 또한 욕심이야.
그런데도 미혹 중생 괜한 미련 가져서는
다 떠난 벌판에서 무언가를 찾는구나.

깨침은 흔적 없지 찾아도 찾지 못해.
모든 것이 깨침이라 찾을 것이 없기 때문.
산을 한번 쳐다보고 물을 한번 봤다면은
이미 다 본 것이고 이미 다 깨친 거지.

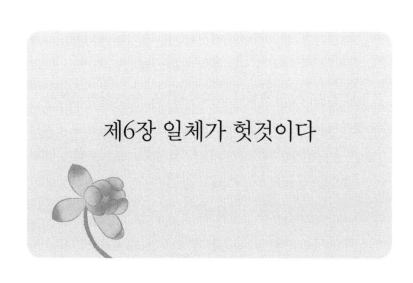

제6장 일체가 헛것이다

1. 일체가 헛것이다

죽음도 헛것이다

각고의 노력 끝에 공空에 들었다. 그랬더니 뭔가? 공이 있는가? 없다. 공이라는 것이 없다. 잡히는 것이 없다. 그냥 텅 비었을 뿐이다. 이 텅 빈 것을 공이라고 이름했을 뿐이다.

　공에 들어간 것을 삼매, 깨침이라 했고, 공에서 나온 것을 현상, 중생이라 했을 뿐이다. 공계空界와 색계色界라 할 수도 있고, 간단히 공색空色이라 할 수도 있다.

　공계에서 보니 색계가 어떤가? 전부 헛것이고 환상이다. 심하게 말하면 거짓이고 가짜다. 마치 깨끗한 거울에 물건이 비치는 것과 같다. 마치 허깨비가 왔다 갔다 하는 것과 같다.

그러나 거울은 변함이 없다. 물건이 비치든 말든, 어떤 물건이 비치든 말든. 젊은 얼굴이 비쳤다고 해서 거울이 젊어지는 것도 아니고, 늙은 얼굴이 비쳤다고 해서 거울이 늙어지는 것도 아니며, 깨끗한 것이 비쳤다고 해서 거울이 깨끗해지는 것도 아니고, 더러운 것이 비쳤다고 해서 거울이 더러워지는 것도 아니다.

거울로 봐서는 아무 일도 없다. 한결 같다. 청일담허 그대로다, 상락아정 그대로다. 괜히 물건들만 바쁘게 왔다 갔다 하는 것뿐이다. 따라서 공에서 보면 모든 것이 헛것이다.

죽음도 마찬가지다. 헛것이다. 우리가 그렇게 두려워하는 죽음 말이다. 그것도 공에서 보면 헛것이다.

처음 아무 것도 없었는데 갓난아이가 문득 보였다. 그러다가 어린아이가 보이고, 얼마 안 있어 젊은이가 보이는가 싶더니, 어느덧 장년이 보이고, 어느덧 노인이 보였다. 그러다 어느 결에 사라지는 것이다. 공에서 보면 모두 허깨비가 왔다 갔다 하는 것뿐이다. 아무 일도 없다.

또 다시 생각하면, 지금 죽은 것이 아니라 태어날 때부터 죽어 있었다. 어머니 뱃속에서 죽어서 태어났다. 사대가 단순히 화합했는데 무엇이 태어났는가? 갖가지 원소들이 이리저리 뭉쳤는데 무엇이 태어났는가? 순간순간 변하는데 무엇이 태어났는가? 도무지 태어난 적이 없다.

아니 도대체 생긴 적이 없다. 도대체 태아가 생긴 적이 없다. 사대가 단순히 화합했는데 무엇이 생겼는가? 갖가지 원소들이 이리저리 뭉쳤는데 무엇이 생겼는가? 순간순간 변하는데 무엇이 생겼는가? 도무지 생긴 적이 없다.

그래서 『금강삼매경』에서는 태어나지 않음을 이야기하지 않고, 태어남이 없음을 이야기한다. 불생不生을 이야기하지 않고, 무생無生을 이야기한다.

우리 몸의 세포는 삼일에 한 번씩 모두 바뀐다. 곧 삼일만 지나면 옛 몸은 없다. 그러니 나라는 것이 있겠는가? 없다. 따라서 사는 것이 없다. 사는 것이 없으니 죽는 것도 없다.

나도 없고, 사는 것도 없으며, 죽는 것도 없다. 나도 헛것이고, 사는 것도 헛것이며, 죽는 것도 헛것이다. 생사가 모두 헛것이다.

그러면 생로병사는 있는가? 없다. 헛것이다. 생사가 헛것인데 생로병사가 어디 있겠는가?

그러면 육도윤회六道輪廻는 있는가? 없다. 헛것이다. 생사가 헛것인데 육도윤회가 어디 있겠는가?

전생을 이야기했는데 그것은 있는가? 없다. 헛것이다. 생사가 헛것인데 전생이 어디 있겠는가?

전생이 없으니 내생 또한 없다. 헛것이다.

전생 내생이 없으니 오고감(往來)도 없다. 헛것이다.

따라서 인연因緣도 없다. 헛것이다.

십이연기十二緣起 또한 없다. 헛것이다.

인과법因果法 또한 없다. 헛것이다.

인과법이 없으니 업業도 없다. 헛것이다.

업이 없으니 상속식相續識도 없다. 헛것이다.

곧 일체가 없다. 헛것이다.

(태어난 적 없음)

십이연기 비었으니 태어난 적 없었었고

지수화풍 비었으니 있은 적이 없었으며

생로병사 비었으니 죽은 적이 없었었네.

본디부터 그 자리라 변한 적이 없었구나.

일체가 빈 것이라 생사 또한 비었으며

빈 것 또한 비었으니 중생마저 끊겼구나.

삼계십계 무너져서 모든 것이 텅텅 비니

본디부터 빈 것이라 찾을 것이 없었구나.

(내가 본디 부처)

안도 비고 밖도 비고 첨도 비고 끝도 비네

안도 비고 밖도 비니 삼계 십계 텅 비었고
첨도 비고 끝도 비니 삼세 십세 텅 비었네
내가 본디 있었던 곳 내가 본디 떠났던 곳

돌고 돌아 다시 오니 그 자리가 그 자리라
억만 겁을 돌았어도 한 꿈이요 헛꿈이네.
내가 본디 깨침인데 무얼 찾아 헤맸으며
내가 본디 부처인데 무얼 찾아 헤맸던고.

우주도 헛것이다

위에서 죄업을 이야기했는데 그러면 죄업은 있는가? 없다. 그것도
헛것이다. 그 본질은 공이기 때문이다. 삶도 죽음도 없고, 오고 감
이 없는데 죄업이 어디에 있겠는가?

그러면 지옥은 있는가? 없다. 헛것이다. 그 본질은 공이기 때문
이다.

그러면 염라대왕閻羅大王, 열 대왕(十王)은 있는가? 없다. 헛것이
다. 그 본질은 공이기 때문이다.

그러면 극락과 천당은 있는가? 없다. 헛것이다. 그 본질은 공이
기 때문이다.

그러면 사바세계는 있는가? 없다. 헛것이다. 그 본질은 공이기

때문이다.

그러면 해와 달은 있는가? 없다. 헛것이다. 그 본질은 공이기 때문이다.

그러면 우주는 있는가? 없다. 헛것이다. 그 본질은 공이기 때문이다.

그러면 성주괴공成住壞空은 있는가? 없다. 헛것이다. 그 본질은 공이기 때문이다.

이와 같이 우주 삼라만상 일체가 없다. 헛것이다. 그 본질은 모두 공이기 때문이다.

이를 우주 삼천대천세계가 무너진다고 하는 것이다. 삼천대천세계三千大天世界는 우주 전체를 말한다. 곧 우주도 헛것이라는 말이다.

(죄업 해탈)
마음 바탕 이르면 물질 없고 맘 없어
우주 없고 나 없고 한 짓 없고 죄 없어
염라대왕 열 대왕 죄진 나를 목매나
나란 것이 도 없어 뭘 채가고 뭘 잡아

지옥이다 아귀다 한순간에 날아가
극락이다 연화다 한순간에 사라져

삼천대천세계도 한순간에 무너져

이게 바로 벗어남 자유자재함이다.

마음도 헛것이다

그러면 앞에서 마음을 그렇게 강조했는데, 마음은 있는가? 없다.
헛것이다. 그 본질은 공이기 때문이다.

그러면 의식이니 말나식이니 아뢰야식이니 하면서 제법 유식한
체 이야기했는데 그것은 있는가? 없다. 헛것이다. 그 본질은 공이
기 때문이다.

그러면 십악이니 육바라밀이니 팔정도니 하면서 제법 근엄한 체
이야기했는데 그것은 있는가? 없다. 헛것이다. 그 본질은 공이기
때문이다.

그러면 영혼은 있는가? 없다. 헛것이다. 그 본질은 공이기 때문
이다.

그러면 원한은 있는가? 없다. 헛것이다. 그 본질은 공이기 때문
이다.

그러면 귀신은 있는가? 없다. 헛것이다. 그 본질은 공이기 때문
이다.

그러면 번뇌 망상은 있는가? 없다. 헛것이다. 그 본질은 공이기
때문이다.

그러면 탐진치는 있는가? 없다. 헛것이다. 그 본질은 공이기 때문이다.

그러면 욕심은 있는가? 없다. 헛것이다. 그 본질은 공이기 때문이다.

곧 일체가 공이다.

(마음 조각)

천하 만물 세상 중에 사람이 최귀하니

나에게도 만법 진리 한 조각이 없겠는가?

이름하여 마음이라 고요하고 영특하네.

고요해서 비었으나 영특해서 움직이네.

영특하게 움직여서 모르는 게 없지만은

고요하게 비었으니 아는 것도 전혀 없지.

움직임을 쫓아가면 신통방통 하지만은

고요함을 쫓아가면 유유자적 자유롭지.

고요함을 추구해서 마음 바탕 이르면

깨끗하고 진실하며 한결같고 즐겁게 돼.

이 자리가 깨친 자리 천하제일 자리이니

삼천대천 우주만물 저 아래로 보이도다.

(진리 찾기)

진리를 구한다고 세상 끝을 돌았으나
고개 숙여 문득 보니 말 아래에 있었구나.
이제 보니 한 발짝도 움직인 적 없었으니
본디부터 그 자리라 움직일 것 없었도다.

진리를 구한다고 팔만 경전 뒤졌으나
고개 숙여 문득 보니 글자 뒤에 있었구나.
이제 보니 한 말씀도 하신 적이 없었으니
본디부터 그것이라 말할 것이 없었도다.

(바위 절벽)

백척간두 바위 절벽 한 걸음을 내딛누나.
허공중에 매달려서 곤두막질 떨어지네.
이것이 무엇이요 원효대사 이르시길
삼계는 유심이요 만법은 유식이라
일체가 빈 것인데 움직임이 어디 있소
움직인 적 없었으니 떨어진 적 없습니다.

(풍경소리)

바람 부니 풍경 우네, 이 누구의 소행인가?

바람인가 풍경인가? 내 마음이 동한 거군.

다시 곰곰 생각하니 내 마음도 빈 것이라

일체 본디 빈 것인데 괜히 헛 걸 들었구먼.

바람 부니 풍경 우네, 이 누구의 소행인가?

바람인가 풍경인가? 내 마음이 동한 거군.

다시 곰곰 생각하니 내 마음도 빈 것이라

일체 본디 빈 것이라 아무 일도 없었구먼.

2. 내가 본디 부처다

내가 본디 부처다

나아가 다시 생각해 보니 내가 본디 깨친 사람(覺者)이다. 본디 공에 있는 사람이기 때문이다. 그걸 모르고 깨쳐보겠다고 그 고생을 한 것이다. 깨침이 뭘까? 어떻게 깨칠까? 하고서 말이다.

또 생각해 보면 내가 본디 해탈解脫한 사람이다. 본디 공에 있는 사람이기 때문이다. 그걸 모르고 해탈하겠다고 그 고생을 한 것이다. 해탈이 뭘까? 어떻게 해탈할까? 하고서 말이다.

또 생각해 보면 내가 본디 열반涅槃에 든 사람이다. 본디 공에 있는 사람이기 때문이다. 그걸 모르고 열반에 들겠다고 그 고생을 한 것이다. 열반이 뭘까? 어떻게 들까? 하고서 말이다.

또 생각해 보면 내가 결국 부처(佛)이다. 본디 공에 있는 사람이기 때문이다. 그걸 모르고 부처가 되겠다고 그 고생을 한 것이다. 부처가 뭘까? 어떻게 될까? 하고서 말이다.

결국 못 깨친 사람이 깨친 사람이고, 번뇌가 해탈이며, 생사가 열반이고, 중생이 부처인 것이다. 그런데도 이제까지 찾아 헤맸으니 괜히 헛고생한 것이다.

마치 "내 집에 살면서 머슴살이한 것과 같고" "보물을 잔뜩 지고서 보물을 찾아 헤맨 것 같다." 어리석기가 이루 말할 수가 없고 한심하기가 이루 말할 수가 없다.

또 생각해 보니 이 세상이 바로 천당이고 극락이다. 깨친 사람이 살고 부처가 사는 곳이 천당과 극락이 아니면 무엇인가? 그런데도 천당에 가고 극락에 가려고 그 고생을 한 것이다. 역시 한심하기가 이루 말할 수가 없다.

(부처 뵙기)
평생을 찾았어도 부처님을 못 찾았고
평생을 기렸어도 부처님을 못 뵈었네.
부처가 있습니까? 원효대사 이르시길
삼계는 유심이요 만법은 유식이라
그대가 부처인데 어디 가서 부처 찾소.

본디부터 부처여서 찾을 것도 없습니다.

평생을 닦았어도 깨침을 못 이뤘고
평생을 구했어도 깨침을 못 구했네.
깨침이 있습니까? 원효대사 이르시길
삼계는 유심이요 만법은 유식이라
그대가 깨침인데 어디 가서 깨침 찾소.
본디부터 깨침이라 찾을 것도 없습니다.

생사를 자재하다

물론 위의 이야기는 공空에서 본 것이다. 만약 색色에서 보면 사뭇 이야기가 달라진다. 정반대가 된다.

곧 몸도 있고 마음도 있으며, 고통도 있고 번뇌도 있다. 생사도 있고 열반도 있으며, 인연도 있고 죄업도 있다. 지옥도 있고 천당도 있으며, 사바도 있고 극락도 있다. 이 세상 모든 것이 다 있다.

물론 이 둘(空色)은 서로 어우러져 있다. 그러나 공을 깨치면 "없는 것이 하나가 있고" "얻는 것이 하나가 있다."

없는 것 하나가 무엇인가? 바로 공포다. 두려움이 없다. 살아서는 물론 죽어서도 말이다. 일체개공임을 알기 때문에 살아서 어디에 있건 두려움이 없으며, 알고 가기 때문에 죽어서 어디로 가든 두려움이 없다.

또 때로는 목숨의 뿌리(命根)를 휘어잡아 육신의 죽음을 어느 정
도 조절할 수도 있다. 육신의 죽음을 피하지는 못한다 하더라도 조
절할 수는 있다는 말이다.

곧 앉아서 죽을 수도 있고 웃으며 죽을 수도 있다. 죽음에 무조건
끌려 다니지만은 않는다는 말이다. 죽음이 그리 대단한 것이 아니
라는 말이다.

얻는 것 하나는 무엇인가? 바로 자유自由다. 갖춰 말하면 자유자
재自由自在다. 달리 무애无㝵라 한다. 곧 자유로움이다.

죽음도 자유롭지만 태어남은 더 자유롭다. 태어나고 싶으면 태
어나고, 태어나고 싶지 않으면 태어나지 않는다. 업에 매여 무조건
육도를 도는 중생과는 근본적으로 다르다.

어떻게 하면 태어나는가? 위에서 말한 자기의 아뢰야식을 굴리
면 된다. 원래 이 아뢰야식은 공空에 동화되어 있었다. 따라서 흔적
이 없다. 곧 적멸의 상태, 삼매의 상태에 있다.

그러다 자기가 태어나고 싶으면 이 아뢰야식을 다시 움직이는
것이다. 그러면 천인으로, 인간으로, 축생으로, 지옥으로 태어나는
것이다. 이것을 자유자재로 한다는 것이다.

그러나 불행히도 일단 태어나기만 하면 그 중생이 겪는 고통을
다 겪어야 한다. 인간으로 태어났으면 인간이 겪는 생로병사의 고

통을 다 겪어야 하고, 축생으로 태어났으면 소나 돼지가 겪는 고통을 다 겪어야 하며, 지옥에 태어났으면 지옥 중생이 겪는 고통을 다 겪어야 한다. 이는 피하지 못한다.

그런데도 왜 태어나는가? 이는 꼭 한 가지 이유 때문이다. 불쌍한 중생을 구제하기 위해서! 오직 이 한 가지 큰 일 때문에 자기의 희생을 무릅쓰고 다시 태어나는 것이다. 곧 중생에게로 오는 것이다. 이를 유일대사唯一大事라 하고 우리는 이 분을 부처라 부른다.

석가도 그렇게 해서 우리 인간에게로 왔다. 그리고는 우리 인간이 겪는 고통을 다 겪었다. 위대하지 않을 수 없다. 고맙지 않을 수 없다. 감사하지 않을 수 없다. 그래서 우리는 항상 석가를 칭송한다.

지금도 덕망 있는 스님이 죽으면 우리에게 다시 와달라고 부탁한다. 우리 같은 중생을 다시 보살펴 달라고, 인도해 달라고, 구제해 달라고 말이다.

(오고 감이 한결같음)
오고 감이 한결 같아 다른 것은 아니지만
얼핏 보면 달리 보여 오고 가고 보이지요.
그렇지만 본디부터 움직이지 않았으니
맞지도 아니하고 보내지도 아니하네.

208

생사가 여일이라 분별하지 아니하니
사바가 극락이고 극락이 사바이네.
와도 그만 가도 그만 한결같은 마음이니
오지도 아니하고 가지도 아니하네.

(생사 노래)
온 곳이 어드메뇨. 가는 곳이 어드메뇨.
오고 가는 저 군상들 과연 알고 오가는가.
당신은 아시나요. 원효대사 이르시길
삼계는 유심이요 만법은 유식이라
일체가 빈 것인데 오고 감이 어디 있소
생각을 멈추면은 오가 감도 멈춘다오.

3. 부처 법에 감사하다

부처님께 감사하다

이제까지의 이야기는 석가가 만든 것도 아니고, 석가가 구상한 것도 아니다. 원래가 그러한 것이다. 곧 부처가 있든 부처가 없든(有佛無佛) 본디 그러하다.

이 원래가 그러한 것, 공도 아니고 색도 아닌 것, 다시 말하면 공도 있고 색도 있는 것, 곧 원융한 것, 이것을 석가가 처음으로 밝혀낸 것이다. 그리고는 그것을 줄곧 말씀하신 것이다.

그러나 말로 잘 표현할 수가 없었다. 그래서 석가는 사람에 따라 장소에 따라 비유를 해가면서 이렇게도 설명하고 저렇게도 설명했다. 그것을 모아놓은 것이 그 방대한 대장경大藏經이다.

사실 석가는 배수진을 치고 공부했다. 그에게는 빠져나갈 길이 없었다. 만약 실패하면, 즉 깨치지 못하면 가정도 왕국도 파탄난다. 왕자인 데다 결혼도 했기 때문이다.

카필라 국, 정반왕과 마야부인 사이에서 태어나 19살에 야쇼다라 공주와 결혼해 아들 라훌라까지 낳았다. 어엿한 가장이자 한 왕가의 기둥이었다.

이런 사람이 도를 닦겠다고 집을 뛰쳐나왔으니 목숨을 걸 수밖에 없다. 그래서 그는 6년 동안 처절한 수행을 해서 35살 되던 해에 샛별(금성)을 보고 만고의 진리를 깨쳤다.

그가 만약 이런 진리를 알아내지 못했다면 우리는 지금도 눈을 감고 육도윤회에서 헤매기만 했을 것이다. 뭐가 뭔지도 모르고 말이다.

다행히 그가 이 진리를 알아냈기 때문에 우리는 윤회를 뛰어넘고 고통을 벗어날 수 있다. 적어도 그 길만은 안다. 감사하지 않을 수 없다.

(부처 법 만남)

내가 무슨 복이 많아 부처 법을 만났던고.

만나지 못했다면 업을 안고 돌았으리.

그 업이 독이 되고 지옥 돼도 몰랐으리.

천행으로 만났으니 절을 하며 나아가네.

내가 무슨 복이 많아 원효 법을 만났던고.

만나지 못했다면 한마음 법 몰랐으리.

천행으로 대사 만나 한마음을 알아서는

모든 괴롬 벗어나고 모든 고통 벗어나네.

(부처 공덕)

거룩하신 부처님께 합장하며 감사하고

깊고 깊은 만법 진리 일러준 데 감사하네.

마음 닦아 들게 됨을 깨쳐준 데 감사하며

천년 지난 이 몸에게 전해준 데 감사하네.

거룩하신 부처님께 합장하며 감사하고

사대오온 매인 이 몸 벗게 한 데 감사하네.

질긴 업보 매인 이 몸 끊게 한 데 감사하며

육도윤회 도는 이 몸 멎게 한 데 감사하네.

(부처님께 감사)

부처님 감사합니다. 진리세계 열어주셔서
원효대사님 감사합니다. 일심법을 일러주셔서
모든 이에 감사합니다. 나를 있게 해주셔서
모든 업에 감사합니다. 내 몸에서 해탈해서

진리세계 열어주신 부처님께 감사하며
일심법을 일러주신 원효님께 감사하네.
나를 있게 해주신 모든 이에 감사하며
내 몸에서 해탈하신 모든 업에 감사하네.

(축원 노래)

천재일우 만법 진리 부처공덕 만났으니
미혹세계 벗어나서 밝은 세계 이르시사.
어둔 슬기 잠시 닦아 밝아지게 하시옵고
탁한 마음 잠시 닦아 맑아지게 하여지사.

천재일우 만법 진리 부처공덕 만났으니
미혹세계 벗어나서 밝은 세계 이르시사.
윤회바다 벗어나서 해탈항에 이르시고
무명바다 벗어나서 열반항에 이르시사.

(다 구했네)

중생을 구하고자 도솔천궁 물러나와
마야부인 몸을 빌려 중생으로 태어났네.
일체가 불법계라 가르치지 아니하니
어머니 몸 나오기 전 모든 중생 다 구했네.

중생을 구하고자 도솔천궁 물러나와
정반왕궁 터를 빌려 중생으로 태어났네.
일체가 불법계라 가르치지 아니하니
궁궐 대문 나오기 전 모든 설법 다 마쳤네.

부처 법에 감사하다

공空에서 보면 일체가 다 비어서 한결같고 평등하다. 그러나 색色에서 보면 일체가 다 있어서 각각이고 다 다르다.

그러나 실제로는 이 둘이 서로 두루뭉술하게 융합되어 있다. 이 관계를 공즉시색空即是色 색즉시공色即是空, 비일비이非一非異, 원융圓融, 제등齊等으로 표현했다.

그렇다고 해서 그 뜻이 분명히 드러나는 것이 아니다. 또 그렇다고 해서 이보다 더 잘 설명할 수도 없다. 곧 말로 표현할 수 있느냐 없느냐(可說 不可說)는 문제가 나온다.

따라서 이해해야 한다. 나아가 확인해야 한다. 곧 스스로 깨쳐야 한다. 깨치면 모든 것이 다 해결된다. 그러면 모든 말이 다 필요 없게 된다. 모든 이론도 다 필요 없게 된다.

부처님이 말씀하신 그 소중한 법문도 헛소리가 되고 잔소리가 된다. 그 소중한 경전도 휴지조각이 되고 장작개비가 된다. 도무지 필요가 없다.

배를 건넜는데 배가 무슨 소용이 있고, 시험에 합격했는데 수험서가 무슨 소용이 있으며, 돈을 많이 벌었는데 돈 버는 비법이 무슨 소용이 있는가?

그래서 석가는 돌아가실 즈음 "나는 한마디 말도 하지 않았다"고 딱 잡아뗐다. 깨친 후 45년간 줄기차게 설법해 놓고서는 정작 돌아가실 즈음에는 한마디 말도 하지 않았다고 딱 잡아뗀 것이다. 말할 것도 없이, 스스로 깨쳐야지 말은 다 소용없다는 뜻이다.

그렇다고 부처님 말씀을 무시하거나 경전을 휴지조각으로 쓸 일은 아니다. 이것이 없으면 우리는 그나마도 이해하지 못하고, 지금의 미약한 수준에도 이르지 못한다. 우리가 지금의 수준에서 이야기할 수 있는 것도 모두 이 말씀과 경전들 덕분이다.

경전은 우리가 깨칠 때까지 의지해야 할 소중한 것이며, 깨치고 나서도 다른 사람들에게 설명해줄 소중한 근거이다.

수행(禪)은 부처님 마음이요 가르침(敎)은 부처님 말씀이다(禪者佛心 敎者佛說). 모두 소중하니 함께해서 부처를 이루어야 한다(禪

教一如 兼修成佛).

(문이 없음)

큰 진리는 진리가 없고 큰 깨침은 깨침이 없네.

모든 것이 진리가 되고 모든 것이 깨침이 되니.

큰 슬기는 슬기가 없고 큰 해탈은 해탈이 없네.

모든 것이 슬기가 되고 모든 것이 해탈이 되니.

큰 대문은 대문이 없고 큰 한길은 한길이 없네.

모든 것이 대문이 되고 모든 것이 한길이 되니.

큰 배움은 배움이 없고 큰 닦음은 닦음이 없네.

모든 것이 배움이 되고 모든 것이 닦음이 되니.

(배움)

진리에 거리낌 없으니 모두가 진리이기 때문이고

배움에 거리낌 없으니 모두가 배움이기 때문이고

사람에 거리낌 없으니 모두가 스승이기 때문이고

장소에 거리낌 없으니 모두가 성지이기 때문이네.

(중생 노래)

중생을 멀리 말라 부처를 찾지 말라.

중생이 부처이고 부처가 중생이니
중생은 단 한 번도 변하지 아니했고
부처도 단 한 번도 변하지 아니했네.
깨치면 하나요 못 깨치면 둘이라.
중생을 멀리 하라 부처를 찾아내라
중생은 중생이고 부처는 부처이니
중생은 단 한 번도 멈추지 아니했고
부처도 단 한 번도 멈추지 아니했네.
깨치면 하나요 못 깨치면 둘이라.

생사를 멀리 말라 열반을 찾지 말라.
생사가 열반이고 열반이 생사이니
생사는 단 한 번도 변하지 아니했고
열반도 단 한 번도 변하지 아니했네.
깨치면 하나요 못 깨치면 둘이라.
생사를 멀리 하라 열반을 찾아내라
생사는 생사이고 열반은 열반이니
생사는 단 한 번도 멈추지 아니했고
열반도 단 한 번도 멈추지 아니했네.
깨치면 하나요 못 깨치면 둘이라.

(떠날 곳이 없지만)

떠날 곳이 없지만 떠날 곳이 있다네.
같은 자리이지만 같은 자리 아니니.
이를 곳이 없지만 이를 곳이 있다네.
같은 자리이지만 같은 자리 아니니.
건널 곳이 없지만 건널 곳이 있다네.
같은 자리이지만 같은 자리 아니니.
머물 곳이 없지만 머물 곳이 있다네.
같은 자리이지만 같은 자리 아니니.

버릴 것이 없지만 버릴 것이 있다네.
같은 자리이지만 같은 자리 아니니.
얻을 것이 없지만 얻을 것이 있다네.
같은 자리이지만 같은 자리 아니니.
드갈 곳이 없지만 드갈 곳이 있다네.
같은 자리이지만 같은 자리 아니니.
나갈 곳이 없지만 나갈 곳이 있다네.
같은 자리이지만 같은 자리 아니니.

원효의 화쟁사상

신라 원효대사도 석가와 비슷한 점이 있다. 그 역시 배수진을 친 셈이다.

원효의 경력은 자세치 않으나 육두품이라는 신분상의 한계를 가진 것은 분명하다. 관계에서 출세하기는 애초부터 한계가 있었다. 젊어서 화랑도에 들어갔다가 나온 것으로 알려지고 있는데, 이는 전쟁이나 살생이 그의 체질에 맞지 않기 때문이라 생각된다.

출세할 길은 신분 제한이 비교적 적은 불교뿐이었으며 거기서 두각을 나타내는 수밖에 없었다. 원효는 말 그대로 죽어라 공부한 것 같다. 200여 권에 이르는 방대한 양을 저술했기 때문이다. 이는 우리나라 역사를 통틀어 최고 최다의 저술이다.

이 중 『십문화쟁론十門和諍論』은 불교의 열 가지 쟁점을 한데 모아 서로 통하게 한 것인데 흔히 회통會通했다고 한다. 화쟁和諍은 여러 쟁점을 화합해서 아우른다는 말이다. 이 『십문화쟁론』은 중국을 거쳐 인도까지 들어간 것으로 알려져 있다.

이 책을 짓고 원효는 이렇게 말했다. "백 개 집안의 다른 논쟁들(和百家之異諍)을 아우르지 못할 까닭이 없다."

그러면 이 화쟁의 키포인트는 무엇일까? 바로 위에서 말한 비일비이非一非異다. 곧 "같은 것도 아니고 다른 것도 아니다", "같기도 하고 다르기도 하다"라는 말이다. 물론 공과 색의 관계를 말한 것이다.

공에서 보면 모든 것이 다 비어서 아무 것도 없으나, 색에서 보면 모든 것이 다 있어서 비지 않았다. 따라서 누가 "없다"고 하면 공空에서 본 것이 되고, 누가 "있다"고 하면 색色에서 본 것이 된다. 곧 어느 곳에 중점을 두느냐에 따라 말이 달라진다.

따라서 비일비이만 이해하면 전혀 상반되는 말도 다 통한다. 없다고 해도 맞고, 있다고 해도 맞으며, 그러하다고 해도 맞고, 그러하지 않다고 해도 맞다.

간다고 해도 맞고, 가지 않는다고 해도 맞다. 가는 것은 색에서 본 것이고, 가지 않는 것은 공에서 본 것이기 때문이다. 따라서 부처 법에서는 "그러하다, 그러하지 않다"가 없다.

깨치면 백 가지 말이 다 맞고, 깨치지 못하면 백 가지 말이 다 틀린다. 산 정상에서 보면 백 가지 말이 다 맞고, 그렇지 않으면 백 가지 말이 다 틀린다.

『십문화쟁론』의 핵심은 바로 이런 관점이다. 그가 만약 지금 살아 있다면 불교, 기독교, 이슬람교 등 모든 종교를 아울러 백문화쟁론百門和諍論을 지었을지도 모른다.

예나 지금이나 종교 간에는 다소간의 언쟁이 있다. 그러나 그에게 오면 무용지물이 된다. 종교 자체가 어느 한 길을 주장하는 것이고, 특정 교리는 어느 특정한 방법을 설명하는 것이며, 자기 교리만을 주장하는 것은 다른 교리에 대한 무지를 뜻하고, 다른 종교나 다른 교리를 배척하는 것은 자기 주장에 대한 지나친 편견이기 때문이다.

지금도 많은 사람들이 원효의 화쟁사상和諍思想을 칭송한다. 물론 역사에도 칭송한 분이 많다. 고려의 대각국사大覺國師 의천義天, 『삼국유사』를 지은 일연一然, 『삼국사기』를 지은 김부식金富軾 등이 그들이다.

(넓고 넓음)

넓고 넓은 한 길이여 울려 퍼진 말소리여

크고 작음 같고 다름 모두 함께 아울렀네.

백천 강의 만월 같고 만 방향의 바람 같네.

지극한 뜻 살펴보니 다른 것이 같다는 것

유가론의 나눈 풀이 대승경의 합친 풀이

다 아우르고 다 뭉쳐서 안 통함이 전혀 없네.

백강천강 바다 같고 세상만물 하늘 같아

넓고 넓어 입만 벌려 이름조차 못 붙이네.

(*김부식의 시를 참조했음)

(진속 아우름)

참된 것을 깨지 않고 속된 것을 밝혔으며

속된 것을 깨지 않고 참된 것을 밝혀냈네.
그윽함을 살펴서는 모든 모습 없었으니
뜻을 잃지 않고서도 미혹함을 깨우쳤네.

사람 마음 다 다르나 부처 법은 변함없어
집착하면 다툼이나 버리면은 다 통하네.
사람 우주 있고 없음 가지런히 같다는 것
다 헤치고 다 밝혀서 회통함을 이루셨네.

티끌세계 계시면서 본질세계 응시하고
범부세계 계시면서 부처세계 응시했네.
중국서역 진동하고 이승저승 진동하여
자비로운 교화 말씀 온 누리에 펴시었네.

우리 해동 원효보살 홀로 우뚝 하시었네.
중원천지 법을 찾다 계림에서 만나 뵈니
겨자씨가 천재일우 가는 바늘 만난 듯해
정숙하게 다과 차려 삼배 예를 올립니다.
(*대각국사 의천의 글을 참조했음)

(뿔 탄 수레)

뿔 탄 수레 경을 펼쳐 사자 소리 울려내니
춤을 추는 호롱박이 수만 거리 걸렸구나.
밝은 달밤 요석궁의 봄 꿈 홀연 지나가고
문을 닫은 분황사엔 소상마저 비었구나.

천백으로 몸을 나눠 수만 거리 누빈 것도
천백으로 술수 부려 수만 사람 구한 것도
한바탕의 광대놀음 돌아보니 구름이요
한바탕의 봄꿈놀음 돌아보니 허공이네.
(*일연의 『삼국유사』 「원효불기」를 참조했음)

4. 그래도 남는 문제가

왜 이렇게 되어 있는가?

그러면 왜 이렇게 되어 있는가? 처음부터 좀 완벽하지 못하고.

처음부터 깨쳐 있으면 되지 않는가? 새삼스럽게 깨침이다 해탈
이다 할 것도 없이.

처음부터 부처이면 되지 않는가? 중생이다 부처다 할 것도 없이.

처음부터 죽지 않으면 되지 않는가? 생로병사다 사대화합이다

할 것도 없이.

처음부터 천당이면 되지 않는가? 사바다 극락이다 할 것도 없이.

그러면 번뇌고 망상이고 고통이고 공포고 뭐고 애초부터 없지 않는가? 그 어려운 수행을 할 것도 없고, 죽음을 두려워할 것도 없고 말이다. 이러면 얼마나 좋겠는가?

그런데 현실은 그렇지 않다. 그게 문제이다. 그리고 더 큰 문제는 그렇게 되어 있지 않은 이유를 모른다는 것이다. 아니 아는지 모르는지조차도 모른다. 아무도 설명하지 않기 때문이다. 적어도 나 같은 속인이 보기에는 그렇다.

불교에서는 업業을 이야기한다. 곧 업 때문에 이렇게 되어 있다고 한다. 내가 과거 지은 업 또는 중생들이 과거 지은 업 말이다. 그러면 그 업이 있기 전에는 어떠했는가? 도대체 업 이전에는 뭐가 어떠했느냐는 말이다. 이에 대해 불교는 설명하지 못한다.

좀 더 따지고 들면 불교는 무명無明을 들고 나온다. 무지無知라고 하는데, 잘 모르는 것을 말한다. 그러나 그 속뜻은 알 수 없다는 것이다. 곧 "밝힐 수 없는 것"이 무명이다.

이 무명은 원효대사조차도 얼버무리고 그냥 넘어갔다. "무명은 깊고 깊어 오직 부처만이 다 알 수 있다"고 하면서 말이다. 그러니 나 같은 속인은 알아볼 도리가 없다. 그러고는 "본디부터 그러하다"는 데서 시작한다.

그러면 예수교의 설명은 명쾌한가? 역시 그렇지 못하다. 그들은 원죄原罪를 이야기한다. 그것도 좋다. 그럴 수도 있기 때문이다.

그러면 그 원죄는 어떻게 해서 생겼는가? 아니면 누가 만들었는가? 나아가 원죄 이전은 무엇인가? 모른다. 아니 아는지 모르는지조차도 모른다. 아무도 설명하지 않기 때문이다. 적어도 나 같은 속인이 보기에는 속 시원한 설명이 없다.

그러면서 신神을 이야기한다. 그러나 마찬가지다. "신 당신은 누구이며, 어떻게 해서 생겼소?" 하고 묻기 때문이다. 이는 결국 불교에서 "본디부터 그러하다"는 말과 똑 같다.

결국 어느 쪽도 설명하지 못한다. 그럼에도 가끔 마치 다 아는 것처럼 이야기하는 사람이 있다. 나아가 자기는 잘 모르지만 저 분은 다 안다고 생각하는 사람이 있다.

어쨌든 이 기회에 다 아는 사람은 명쾌히 설명할 것이고, 다 아는 사람이 있으면 데려올 일이다.

우주에 선악이 있는가?

선악을 이야기하고 죄업을 이야기했는데 과연 이 우주에 선악이 있는가? 정말로 이 우주 삼라만상에 선악이 있어서 선한 사람은 선한 대접을 받고, 악한 사람은 악한 대접을 받는가?

성주괴공에 걸린 우주가 수명이 다해 소멸할 때 선악이 있는가? 그리하여 선한 사람은 선한 곳으로 가고 악한 사람은 악한 곳으로 가는가? 아니 모든 것이 한데 뭉그러져 소멸하는 이때에 무엇이 선이고 무엇이 악인가?

지구가 수명이 다해 소멸할 때 선악이 있는가? 그리하여 선한 사람은 선한 곳으로 가고 악한 사람은 악한 곳으로 가는가? 아니 이때 선한 사람 악한 사람이란 구분 자체가 있는가?

지진이 일어나 땅이 뒤집힐 때, 화산이 폭발하여 마을을 덮칠 때, 해일이 일어나 산더미 파도가 밀려올 때, 이때도 선악이 있는가? 그리하여 선한 사람은 살고 악한 사람은 죽는가?

이거 너무 거창한가? 그럼 조금 좁게 보자. 전쟁이 일어나 병사들이 살고 죽을 때 선악대로 살고 죽는가? 산 사람은 선을 많이 쌓아서 살고, 죽은 사람은 죄를 많이 지어서 죽는 것인가?

이것도 너무 거창하면 좀 더 좁게 보자. 강당 천장이 무너져 학생들이 살고 죽을 때 선악대로 살고 죽는가? 산 사람은 선을 많이 쌓아서 살고, 죽은 사람은 죄를 많이 지어서 죽는 것인가?

그건 그렇고 그러면 왜 하필 크리스마스 전날 교회에 불이 나서 어린아이들이 피해를 입고, 천년 고찰 순례를 마치고 돌아오던 버스가 굴러 많은 불자가 희생을 당하는가? 이때도 선악이 있는가?

알 수가 없다. 이는 곧 우주에는 선악이 없다고 볼 것이다(?). 선악은 어디까지나 인간세계, 나아가 생명체 세계에만 존재한다(?). 불교식으로 말하면 중생세간衆生世間에만 존재한다. 물질세계, 곧 기세간器世間에는 존재하지 않는다. 그래야 문제가 풀린다.

따라서 중생과 물질이 서로 어우러질 때도 정해진 법칙이 없다. 그때그때 따라서 이렇게 되고 저렇게도 된다. 이때 우리에게 잘 되면 우리는 "기적이다, 이적이다" 하면서 찬탄하고, 우리에게 잘 못되면 "하늘도 무심하다" 하면서 비탄할 뿐이다.

그러나 우주 자체에는 기적도 이적도 없다. 자기 질서대로 움직일 뿐이다. 그 질서를 우리는 모른다. 그 질서를 찾으려고 노력하는 중일 뿐이다. 만약 찾는다면 중생세간의 인연법과 연계시킬 수도 있을 것이다.

따라서 지금 상태에서 우리가 할 수 있는 최선의 방법은 물질세계, 곧 기세간을 뛰어넘는 것뿐이다. 나아가 생명체 세계, 곧 중생세간도 뛰어넘는 것뿐이다. 곧 마음의 세계로 나아가 모든 것을 벗어나는 것뿐이다.

그러면 선악도 없고, 비탄도 없다. 이를 우리는 해탈이라 한다. 그 과정을 수행이라 하고.

어떻게 살아야 하는가?

그러면 이제 우리는 어떻게 살아야 하는가? 해탈과 현실 사이에서, 공空과 색色 사이에서……. 마음은 비록 공계空界를 추구하나 몸은 색계色界에 머무르고 있으니! 이에 일찍이 원효대사는 『이장의二障義』에서 이렇게 말했다.

226

"사람과 우주의 있고 없음이 가지런히 같다."

곧 인법유무제등人法有無齊等이다. 이 말은 원효대사『이장의』의 총결 구절이다.

여기서 있다는 것은 우주 삼라만상이 있다는 것이고, 없다는 것은 우주 삼라만상이 없다는 것이다. 있다는 것은 허깨비라도 있다는 뜻이고, 없다는 것은 그것도 빈 것이라는 뜻이다.

또 우리 인간이 살아 있는 동안을 있다고 하고, 죽은 뒤를 없다고 할 수도 있다. 또 깨쳐서 공空에 이른 것을 없다고 하고, 그렇지 못한 것을 있다고 할 수도 있다.

어쨌든 우주 삼라만상 모든 것이 결국 환상이고 허깨비며 우리 인생도 결국 한바탕 꿈이고 헛것이다. 그렇다고 현실을 무시할 수만은 없다. 이 세상을 무시할 수만도 없고 나 자신을 무시할 수만도 없다.

이에 이 둘을 아우를 필요가 있다. 이것이 "있고 없음이 가지런히 같다"는 것이다. 가지런히 같다는 것은 똑같지는 않지만 같다고도 할 수 있다는 것이다. 구분할 수도 있겠지만 구분할 필요가 없다는 말이기도 하다.

이에 거리낌 없는 행동이 나온다. 도무지 거리낄 이유가 없다. 그냥 자유롭게 즐길 뿐이다. 여기의 자유란 마음의 자유는 물론 생사의 자유까지 포함한다. 깨쳐서 생사를 뛰어넘었기 때문이다. 그러면서 마치 전쟁하듯 이 세상을 철저히 사는 것이다.

1,300년 전 신라 원효대사의 모습이다. 분황사 고승이면서 요석 공주를 맞아 살림을 차렸고, 임금 앞에서 『금강삼매경』을 강의하다 가 호롱 박을 차고는 거리에서 노래하고 춤추었다. 그러면서 중생 을 깨우쳤다.

깊은 산골 토글 속에서 수행하다가 어느 때는 기생집에 들어 앉 았고, 거지와 고관도 차별하지 않았다. 그러면서 위에서 말한 것처 럼 200여 권의 책을 저술했다. 세상을 만끽하며 철저히 산 것이다. 이른바 원효의 무애행이다. 거리낌 없는 행동이다.

무애행无㝵行을 둘로 나누면 무애가无㝵歌와 무애무无㝵舞가 된 다. 곧 거리낌 없는 노래와 거리낌 없는 춤이다. (『불교에서 본 우 주』, 운주사, 2014년, 205~206쪽에서 전재)

(춤을 추네)
나와 우주 있고 없음 가지런히 같은 거라
이 몸 또한 있다 없다 말할 수가 없는 거군
그렇다고 이내 몸을 팽개칠 수 없잖은가?
이럴 때는 노래 좋지 한바탕 노래하네.

나와 우주 있고 없음 가지런히 같은 거라
세상 또한 있다 없다 말할 수가 없는 거군

그렇다고 이 세상을 팽개칠 수 없잖은가?
이럴 때는 춤이 좋지 한바탕 춤을 추네.

(무애가)
토굴 속에 잠든 원효 해골 물로 깨치고서
굽은 호로 옆에 차고 저잣거리 춤을 춘다.
오색비단 쇠 방울은 모든 격식 벗어났고
두들기며 오고감은 모든 의식 벗어났다.

놀란 자라 움츠린 목, 어떤 말도 숙여 듣고
가을 매미 푹 꺼진 배, 어떤 일도 받아든다.
팔을 세 번 뻗는 것은 세 세계의 해탈이요
발을 두 번 드는 것을 두 장애의 해탈이라.

요석궁의 번들머리 소성거사 모습이고
거지촌의 쑥대머리 무애거사 모습이고
분황사의 사자 소리 화쟁국사 모습이고
중원천하 울린 소리 구룡화상 모습이네.

노래 소리 나올 때는 이 세상의 사람이나
염불 소리 나올 때는 저 세상의 사람이네.

언뜻 보니 중생이나 다시 보니 부처로다.

인간 세계 부처 세계 자유로이 넘나드네.

(자유인)

나는 자유인이다.

나는 무애인이다.

마음에도 걸림 없고 몸에도 걸림 없어,

해탈세계 노니니까.

나는 자유인이다.

나는 무애인이다.

육도윤회 벗어나고 삶 죽음도 벗어나서,

극락세계 노니니까.

강승환

1950년 경북 상주에서 태어났다. 서울대학교 지리학과를 졸업하고 건설회사에서 근무하다 부동산 중개업을 하였다. 이때의 경험을 바탕으로 소설 『땅따먹기』를 펴내기도 하였다.

이후 원효의 저서와 대승기신론 관련 경전 번역에 매진하는 등 우리 문화 연구에 전념하고 있으며, 『이야기 원효사상』, 『우리도 잊어버린 우리 문화 이야기』, 『불교에서 본 우주』 등을 펴내기도 했다.

인터넷 블로그 「http://blog.naver.com/kp8046, 대승기신론 우리말 번역」에서 연구 성과들을 확인할 수 있다.

죽음이란 무엇인가

초판 1쇄 인쇄 2015년 4월 1일 | **초판 2쇄 발행** 2021년 8월 5일
지은이 강승환 | **펴낸이** 김시열
펴낸곳 도서출판 운주사

(02832) 서울시 성북구 동소문로 67-1 성심빌딩 3층

전화 (02) 926-8361 | 팩스 0505-115-8361

ISBN 978-89-5746-419-9 03220   값 13,000원

http://cafe.daum.net/unjubooks 〈다음카페: 도서출판 운주사〉